生活因阅读而精彩

生活因阅读而精彩

教养，
决定孩子一生的命运

王 惠◎著

中国华侨出版社

图书在版编目(CIP)数据

教养,决定孩子一生的命运 / 王惠著.—北京:中国华侨出版社,2014.7

ISBN 978-7-5113-4717-6

Ⅰ.①教… Ⅱ.①王… Ⅲ.①家庭教育 Ⅳ.①G78

中国版本图书馆CIP数据核字(2014)第115263号

教养,决定孩子一生的命运

著　　者 /	王　惠
责任编辑 /	荼　蘼
责任校对 /	孙　丽
经　　销 /	新华书店
开　　本 /	787毫米×1092毫米　1/16　印张/18　字数/236千字
印　　刷 /	北京建泰印刷有限公司
版　　次 /	2014年9月第1版　2014年9月第1次印刷
书　　号 /	SBN 978-7-5113-4717-6
定　　价 /	33.80元

中国华侨出版社　北京市朝阳区静安里26号通成达大厦3层　邮编:100028
法律顾问:陈鹰律师事务所
编辑部:(010)64443056　　64443979
发行部:(010)64443051　　传真:(010)64439708
网址:www.oveaschin.com
E-mail:oveaschin@sina.com

前言 Preface

要把孩子培养成一个怎样的人？我的教育方式正确吗？留什么给我的孩子？……这是几乎全天下父母都在考虑的问题。但不管你对孩子有多么周详、细密、甚至堪称完美的规划，他最终的成才、成功都离不开一点，那就是——良好的教养。所谓"教养"，指的是礼貌、态度、风度，等等。

生命中有许多的巨大财富，比如友谊、亲情、幸福、力量等，教养也是其中之一。正如一位思想家所说："一个人只要自身有教养，不管别人举止多么不适当，都不能伤他一根毫毛。他自然就给人一种凛然不可侵犯的尊严，会随时随地受到所有人的尊重，甚至财富和机遇会自动上门。"

教养是一笔珍贵的财富。与其给孩子留下财富，不如把孩子变成财富。一个有教养的孩子，言行得体、谦和友善，懂得取舍，懂得对错，不逞强也不张扬，不伪善也不懦弱，喜欢助人为乐，冷静而富有爱心，有着悲天悯人的慈悲之心，在举手投足之间就会显现出与众不同的风范。

良好的教养来自于美好的心灵，优秀的品质生成于教化和熏陶。在孩子年幼时，即为他提供良好教养的土壤，那么良好的教养在孩子毕生的成长中才会发芽、壮大，最终使他的灵魂得以滋养，使他的魅力得以绽放。

需要指出的是，一个人的教养是在耳濡目染中逐步形成的，有教养的孩子源于一个有教养的家庭。因为孩子会观察父母的为人，模仿父母的言行，这是"身教重于言教"的意义所在。因此作为父母，你若想让孩子成为有教养的人，平时就要注重自己的言行举止，为孩子树立良好的榜样。

本书是一本教养子女的智慧宝典，从礼仪、品德、人际、风度、心态、自制、爱心等9个方面，详细阐述了教养的意义，并为如何改善养育之道，提供了种种深刻的见解和实用的建议，希望能够为广大父母提供参考，帮助你把孩子培养成德才兼备的好孩子，让孩子的人生更丰富、更精彩、更完美。

目录 Contents

礼仪规范

第一章
有教养的孩子知书达理

003 / 要有所成就，必须从礼开始

007 / 举止得体人人爱

011 / 好孩子不说脏话

015 / 注重仪表美，创造美

品德教育

第二章
塑造良好品德，便是修身养性

023 / 提升孩子的人格魅力

025 / 没有一个人真正拥有骄傲的资本

029 / 保持天性，学会坦诚待人

034 / 告诉孩子要言必信,行必果

038 / 守信从一点一滴做起

043 / 多一些宽容,少一些计较

046 / 讲公德,从孩子做起

050 / 让美德之花在孩子身上绽放

心态管理

**第三章
心态好,修养跟着就好**

057 / 攀比少一点,快乐多一点

060 / 不让忌妒破坏孩子的心境

064 / 带着"自信"向前冲

068 / 好心情自己造出来

071 / 批评不一定是坏事

075 / 赢得起,也要"输得起"

079 / 不做温室里的花朵

083 / 爱上不完美的自己

自我掌控

**第四章
重视情商开发，为修养累积资本**

089 / 驾驭你的情绪，做自己的主人

092 / 拥有说"不"的勇气

096 / 幽默的孩子更具魅力

099 / 学会应变，生活更从容

102 / 做一个幸福的追梦人

106 / 引导孩子在反省中进步

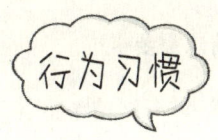

行为习惯

**第五章
抓细节，养习惯，让涵养步步提升**

113 / 做计划，生活不再"一团糟"

116 / 与任性的孩子"过招"

121 / 感受"制度"的威力

124 / 给孩子一双善于观察的眼睛

127 / 注意听，注意看，注意想

130 / 面对说谎的孩子，怎么办

134 / 腹有诗书气自华

人际交往

第六章
多做好事多交友，与人为善有教养

141 / 帮助孩子大胆走出去

144 / 别让孩子变成"小霸王"

147 / 与人分享，是一件快乐的事

151 / 换位思考的孩子人缘好

154 / 相互理解的力量

157 / 了解和满足他人的情感需要

160 / 让孩子体会合作的快乐

163 / 异性交往中，距离产生美

思想内化

第七章
影响孩子内心，让孩子做最好的自己

169 / 懂孩子才能更好地爱孩子

172 / 鼓励和信任是最好的爱

176 / 要让孩子信任，父母要讲诚信

179 / 慢慢走出自闭世界

184 / 叛逆的孩子这样管

187 / 让"顽固分子"不顽固

190 / 把暴脾气孩子的"毛"捋顺

194 / 如何对付逃学、厌学的孩子

197 / 注意教育方式,保护孩子自尊

201 / 开展"谈心"课堂,和孩子做朋友

205 / 父母不妨向子女学习

（强化自主）

第八章
保持自立比什么都强

211 / 父母不能"心太软"

214 / 不要打击你的孩子

218 / 从某一天开始,一切由他做主

221 / 允许孩子在自己的"地盘"当家

225 / 孩子一生受用的能力:独立思考

229 / 让孩子懂得自律，有所为有所不为

232 / 有主见，主宰自己的人生

236 / 选择与放弃，人生必修课

239 / 有计划地调配自己的时间

242 / 让孩子扛起责任的大旗

爱的教养

第九章
没有善和爱，就谈不上有教养

249 / 培养孩子学做真正的人

253 / 人之初，性本善

257 / 有同情心的孩子更有人情味

260 / 你的孩子懂得关心别人吗

265 / 上一堂"孝心教育"课

267 / 感恩，让内心丰盈纯美

271 / 付出爱，让世界充满爱

第一章 礼仪规范：
有教养的孩子知书达理
Chapter 01

礼仪是一个人的思想道德水平、文化修养、
交际能力的外在表现，
一个有教养的孩子首先是一个懂礼仪的人，
有礼有节，知书达理。
身为父母，无不希望自己的孩子能够如此，
因为这样的孩子更容易受到周围人的喜爱和尊敬，
也更容易走出更美的人生之路。

❖ 要有所成就，必须从礼开始

江洋聪明伶俐，活泼可爱，可是让父母头疼的是，这个孩子不太懂礼貌。比如，他如果饿了，会冲着家里人大声喊："我饿了，我要吃面包。"

多数时候，奶奶都会马上给江洋去拿吃的。

妈妈觉得这样下去，儿子会越来越没礼貌，于是她就告诉奶奶和其他家人，以后江洋再没有礼貌地叫嚷，就装作没听见。

一次，江洋又故技重演，冲着妈妈要水喝，但是妈妈装作没听到。

他见妈妈不理，就跑过来说："妈妈，你没听到我要喝水吗？"

妈妈说："听见了，但是我并不知道你在喊谁呀。"

江洋笑着说："妈妈，我渴了，想喝水。"

"这样说还不对。"妈妈说。

"为什么还不对呀？"儿子不解地问。

妈妈说："你应该要说：'妈妈，我想喝水，请您帮我拿，好吗？'"

听了妈妈的话，江洋重复了一遍，他对妈妈说："妈妈，我想喝水，请您帮我拿，好吗？"

然后，妈妈才去给江洋接水。等江洋喝完，把杯子一撂，打算出去玩时，被妈妈一把拽住说："还没完呢！"

江洋瞪着大眼说："完了啊，我喝完了！"

妈妈说："你是不是忘了说声'谢谢'呀？"

"噢，还要说声谢谢？"江洋歪着头，冲妈妈坏笑着说道。

"当然啦。你让别人帮你忙，怎么能不表示一下感谢呢？"

经过妈妈多次训练，江洋逐渐成为了一个很懂礼貌的孩子。

在和别人打交道的时候，我们往往会给对方一些这样的评语："这个人有素养、有风度，让人钦佩。""这个人谈吐不俗，有教养。""这人真差劲，连基本的礼貌都不懂。""这人很庸俗，说话不着边际。"……

这些都是我们在和一个人打交道后，自然而然产生的心理反应。毋庸置疑，那些素质高、有教养的人，通常有着良好的文明礼仪。我们对这样的人会尊重、会欢迎。而那些缺乏教养，不懂文明礼仪的人，则会被我们嗤之以鼻，拒之门外。

哪个父母不希望自己的孩子成为前者呢？如果不幸成为后者，孩子怎样能够发展事业，怎么能够在社会上立足？

伟大的思想家、教育家孔子曾说过："不学礼，无以立。"这句话旨在告诫我们，要想有所成就，就必须从学礼开始。

自古以来，中华民族就有"礼仪之邦"的美誉，讲文明、懂礼貌是我们中华民族的传统美德，而文明礼貌同样是现代社会对一个人最基本的素质要求，也是形成良好人际关系不可或缺的条件。词典里关于"礼仪"是这样解释的："礼仪是人类为维系社会正常生活而要求人们共同遵守的最起码的道德规范，它是人们在长期共同生活和相互交往中逐渐形成，并且以风俗、习惯和传统等方式固定下来的。"对我们每一个人来说，礼仪都是我们思想道德水平、文化修养、交际能力的外在表现。

但是，在我们生活的周围，却不乏一些乱发脾气、任性、固执、说话没大没小、不懂文明礼貌的孩子。

在少数父母看来，当今社会崇尚个性自由，懂礼貌与否远没有学习好重要。他们认为，只要考出好成绩，将来有本事就是王道。

我们要问一下这些家长，你们可曾注意到周围的人物或者电视、网络上报道的优秀者，他们哪个不是懂得文明礼仪的人？

此外，还有一部分家长觉得，孩子天真烂漫，想怎样就怎样无可厚非，等他长大了自然就懂得文明礼仪了。其实，这种认识也是不对的。我们常说，三岁看大，七岁看老，如果孩子小时候没有养成好习惯，好品行，那么长大了也就难以改变。另外，从小培养孩子讲文明懂礼貌的好习惯，和尊重他天真无邪的个性并不矛盾，越是文明礼貌的孩子，越能够获得自由发展的广阔天地，因为他们可是受人们欢迎的人。

1. 从日常生活中培养孩子的礼仪习惯

习惯形成于生活点滴。所以，父母要从日常生活中培养孩子的礼仪习惯，并且要持之以恒。具体来讲，可从以下几点进行着手：

教孩子学会使用礼貌用语，例如"您好、谢谢、请、对不起、没关系"等。

让孩子保持仪容仪表的整洁卫生，比如穿戴要整齐，要勤洗头洗澡，要勤剪指甲，早晚要洗脸刷牙，等等，这样，孩子就会形成良好的卫生习惯。

要求孩子在行为举止上要大方得体，比如站的时候身体要直立，走路要昂首挺胸，坐姿要端正，等等。

告诉孩子要注意自己的表情神态。与人交往时，要面带微笑，不要掏耳朵、挖鼻子、搔痒痒等。

2. 多给孩子创造礼仪示范的机会

良好的礼仪修养是通过生活点滴形成的，所以父母不仅要告诉孩子应该怎样做，更要为孩子创造一些条件，给他示范的机会。这样，经过多次重复，孩子就会形成习惯，并能够自觉地执行。比如，上下电梯时看到相熟的邻居，要让孩子问叔叔阿姨好；串门走亲戚时要让孩子学会问候，告别时要说再见，等等。这样，通过和别人交往中的不断训练，孩子就会见识到各种礼仪，这样孩子慢慢地就会养成礼貌待人，文明处世的能力。

3. 表扬孩子的礼貌行为要具体

对于孩子的表现，父母要细心观察，当发现孩子有礼貌行为时要及时鼓励，这样就会使孩子继续保持，逐渐地养成礼貌的行为。不过需要提醒的是，父母在表扬孩子的时候一定要具体，让孩子知道他为什么受到表扬。比如，孩子主动把喝完的矿泉水瓶子丢到路边的垃圾桶，父母可以对他说："你刚才把矿泉水瓶扔进垃圾桶，做得真好。"当孩子在地铁上主动给一位老奶奶让座，父母要这样说："你能够给老奶奶让座位，做得真棒！"只有这样，孩子才会知道自己怎样做才能得到父母的认可和赞扬，他就会继续坚持下去。

相信通过这样的教育和引导，你的孩子在一举一动中都会表现出自身的教养，不管走到哪里，他都会得到别人的尊重，受到大家的欢迎。

4. 不要强迫孩子

父母不要产生这样的认识：孩子是自己生的，他所有的一切就都得听从自己的安排。实际上，孩子是个独立的个体，他有自己的个性。

有时候，家长在看到孩子没有礼貌的时候就强迫孩子，比如有人来家中做客，孩子躲着不出来问候，家长就强行拉着孩子，以命令的方式和口吻让孩子向客人问好。结果往往是孩子勉强答应，然后对父母的做法产生反感。

　　家长需要了解，孩子不肯说，可能有很多原因，也许是害羞，也许是不明白为什么要跟客人打招呼……如果孩子就是不肯说的话，家长可以暂时放弃，等到孩子平静了以后，再告诉他："这是应有的礼貌，你去别人的家里，也希望他能够热情欢迎你呀。"让孩子设身处地地想一想，或许能够帮助他理解。

　　应该说，礼貌是在社会交往中，我们共同遵守的一种行为规范和道德准则，它是通往相互友好和尊重的一道桥梁。在我们的生活中，一个简单的"请"字，一个甜美的微笑，一声热情的"谢谢"，一个亲切的招呼，能让对方如沐春风，备感亲切和温暖。为此，我们的孩子要从小养成讲文明、懂礼貌的好习惯，这样他们才会在成长过程中走得更顺畅，未来的道路也会更加宽广。

举止得体人人爱

　　奔奔今年12岁，他聪明活泼，成绩优异，是老师和家长眼里的好少年。而更让师长们欣慰的是，奔奔一直以来所体现出来的绅士般的风度。

　　无论是在家里，还是在学校，或者其他公共场所，奔奔从来不乱发脾气，不大吼大叫，遇到事情不惊慌，对待任何人都彬彬有礼。人们都说，看其行为举止简直就是个小大人。

因此，奔奔也成为众多家长用来管教孩子的"榜样"。

奔奔之所以如此"绅士"，主要得益于父母对他的培养和教育。奔奔虽然是独生子，但在家里从没有"小皇帝"一般的待遇，而是和家人一样，吃东西平均分，家务活一起做。做律师的爸爸和做文字编辑的妈妈除了给儿子讲一些文明礼仪方面的故事，更会以身作则，为儿子做出最好的表率。

著名教育家斯宾塞曾说过一句话："一个人全部品德的基础就是礼仪修养，那些不良的举止，和不礼貌不文明的行为，不但对孩子自身发展不利，而且也会严重危害孩子的品性。"然而，看看现实生活，"野孩子"成了父母、老师乃至整个社会都感受到的一个突出的问题。

一位在某外企做中层管理者的母亲这样说道："现在好多孩子都因为过于娇惯，而导致他们非常淘气，动作粗暴、富有攻击性。我们家的孩子平时还算乖巧懂事，可是赶上他情绪不好，稍微有点小事就会乱发脾气，大声叫嚷，还摔东西，真是让人头疼。"

还有一位叫"愁煞人的妈妈"在育儿论坛里诉苦："我家孩子，天天莽莽撞撞，不是磕这儿，就是碰那儿。"

跟帖的一位爸爸深有同感，他说："我们希望孩子能有得体的举止，可他总是张牙舞爪的，真没办法！"

由此可见，让孩子有一个优雅得体的举止，是很多父母关注的，而这，也应作为家庭教育的重点。

其实，我们生活中的事实也可以充分证明，凡是彬彬有礼、待人谦和、衣着大方得体、谈吐高雅不俗的人，他们通常有着更圆融的人际关系，更容易得到周围人们的喜爱和尊重。这些人也会因此更容易取得人生和事业的成功。

正如一位哲人所说："那些言行举止得体的人，往往非常谦虚谨慎，从不装腔作势，更不会夸夸其谈、招摇过市，他们总是通过自己的行为来证实自己的内在品质，不愠不火。"可以说，绅士风度就好比促成人际交往的"黏合剂"和"润滑油"，它能用自己特有的力量，使人们的交往更加顺利融洽。

既然如此，父母们还等什么呢？为了我们孩子更好地融入集体，更好地适应社会，拥有更美好的人生和未来，那么从现在开始，为把他培养成一个小绅士而努力吧！

1. 给孩子创造一个良好的生活环境

俗话说，环境塑造人。要想培养举止得体的小绅士，父母自然要为孩子塑造一个较为绅士的生长环境。有着粗暴、浮躁的性情，对他人不礼貌，对孩子的教育不放在心上的家长，是无论如何也培养不出绅士来的。因此，父母不但要注意自己的言行举止，还要从思想到行动，都把培养孩子真正地当回事，严格要求孩子。这样，才能实现培养出小绅士的愿望。

父母们可以以英国家庭和学校的做法作为模板进行仿效。英国的家庭和学校一般会有如下一些规定：

早晨起床后，父母和孩子相互问早；孩子出门上学前，妈妈帮助孩子整理一下衣服，检查一下纽扣，然后拥抱并亲吻，最后说一句"Have a nice day!"以此告别。到晚上临睡前，父母和孩子还要互道晚安——"Have a good night!"

在学校里，学生们也会受到严格的管理。比如，在餐厅用餐时，必须穿戴整齐，不得大声喧哗或者把刀叉弄得乱响；吃东西的时候不要说话；餐盘里不要有剩饭；如果有必要吃东西和说话交替进行，那么只能往嘴里放很少的食物；如果没有吃完，刀和叉需要放成"八"字形状，搁在餐盘上；如果已经用餐完毕，就要把刀叉平行放在餐盘上……

这些，对中国的父母也可以起到借鉴作用。我们要想培养出一个"英国绅士"，也应严格要求孩子，平时在和孩子说话时尽量多用："请"、"谢谢"、"对不起"、"好吗"等礼貌用语。长此以往，孩子自然也跟着学会并运用了。

2. 引导孩子学会觉察他人的需求

绅士往往善解人意，并体贴关照，因此受到欢迎和爱戴。我们在培养孩子的时候，也应该注重这一点，让孩子及时觉察别人的需求，这样才能读懂对方的心思，并做出对方需要的动作，说出对方想听到的话。否则，即使孩子做了很多自以为"有用"的事，却不是对方所需要的，那只能说是徒劳的努力，不但没有正面作用，反而还会给人带来或大或小的烦恼。

当然，这种觉察别人需求的能力并非天生具备的，这需要父母在陪伴孩子成长的过程中积极地培养和训练。比如，当孩子的伙伴不开心的时候，鼓励孩子去安慰对方；当自己被别人介绍给第三者的时候，要提醒孩子主动和对方握手；当孩子在公交车或者地铁上，看到老人和抱小孩的阿姨时，要提醒孩子主动让座；当看到爸爸妈妈拎着东西时，要求孩子主动上前帮忙。

3. 父母多注意自己的言行举止，做孩子的榜样

孩子身上总会有父母的影子。因此，要想让孩子成为举止得体的小绅士，父母得先做出表率。在生活中，父母要时刻注意自己的言行，比如怎样穿着打扮，怎样同其他人谈话，怎样对待朋友和敌人——所有这些，都是孩子模仿的对象。

因此，父母要为孩子的行为举止做出"典范"，并及早规避自己行为举止上的错误，让孩子自己意识到良好的行为举止对自身的重要性。

古语有言："少年若天性，习惯成自然。"如果孩子从小没有养成良好言行举止的习惯，那么就很容易形成坏习惯，从而成为不得他人喜欢，甚至处处碰钉子的人。到那时，父母再想让孩子改变就难了。因此，作为父母，就应该从小培养孩子的绅士风度，让他具有优雅得体的举止，从而为他的人生铺就一条金光闪耀的平坦大道。

❖ 好孩子不说脏话

自从上小学以后，维维说话变得越来越溜，不时蹦出的新鲜词汇总会让爸爸妈妈又惊又喜。

淘气的维维着实很可爱，有时候爸爸会捏着维维的小鼻子，高兴地说，"你个小王八蛋"，维维就会用带着稚气的声音说，"你个大王八蛋"。爸爸妈妈便开始吃吃地笑起来。渐渐地，维维似乎对这样的脏话情有独钟，常喜欢叨念着。

有一次，新搬来的邻居王先生来找维维爸喝茶、聊天。王先生的儿子毛毛也跟来了，两个孩子年龄相仿，没一会儿就混熟了，玩得不亦乐乎。谁知，两个孩子发生了一些小争执。只见维维指着毛毛的头，大声地嚷道，"你是一个大坏蛋"，并大喊"我不跟你玩了，你快滚开，不要再来我家了"。

一听这话，毛毛哭了起来……

"去你的"、"他妈的"、"大坏蛋"……某一天，当孩子用带着稚气的声音对你说出这样的语言时，作为父母是不是有些不敢相信自己的耳朵呢？说脏话是一种不文明的行为，也是一种缺乏教养的表现，而且还会损害到孩子身心的健康成长。当孩子嘴里蹦出脏字时，很多父母会感到紧张和担忧。

说脏话的不文明行为之所以会发生在一些孩子、学生身上，不外乎以下情况。

一种情况是，处于成长阶段的孩子有很强的模仿力。他们就像是一面镜子，照到什么就反映出来什么，父母、同伴或者电视节目里所说的话语，尤其是脏话简短而好学，在不经意间已经潜入孩子的意识中，他们会觉得好玩将其记下，并在说话时运用，久而久之就会无意识地出口成"脏"了。

还有一种情况是，在一定程度上，说脏话可以舒缓紧张、气愤的心情。与同伴发生冲突、受了欺负或者愿望得不到满足时，孩子不懂或不会以合理的方式处理，情绪控制能力较低，他便会以说脏话的形式来发泄心中的愤怒或不满。

孩子说粗话时，有些父母听之任之，认为孩子骂几句脏话是鸡毛蒜皮的小事，不必认真对待。父母这样的态度，会给孩子一种错觉，"说脏话，没有什么错"，这也是外力强化孩子说脏话的原因。

要防止孩子说脏话的行为，建议父母们可以从以下几个方面入手：

1. 父母要冷静以对

在孩子刚刚说粗话脏话的时候，往往只是一味地模仿，根本弄不清楚这些话的含义。所以当孩子口出脏话时，父母不必过分大惊小怪，做出紧张或气愤的样子，冷静以对才是最为重要的处理原则。

比如，你应该对孩子说："你知道那是什么意思吗？"通常他们都是不知道的。当你告诉他："这句话是骂人的话，不好听，会伤害到别人。"大多数孩子是不会再说的。在讨论过程中，尽量让孩子理解，这些粗俗不雅的语言，传达着什么意思，为何不被大家接受？也要让孩子体会，听者接收到这样的讯息时，是如何地感受不被尊重和伤害？向孩子耐心说明，和孩子一起思索。

2. 告诉孩子应该怎么说

孩子处于愤怒、烦闷等消极情绪时，他们很可能是以说脏话的方式来宣泄负面情绪。当父母遇到这样的情况时，应关注孩子不开心的原因，询问孩子真正想说的是什么？引导他们以文明的话语"请你走开"、"你不讲道理，我很不高兴"等表达自己的情绪，这非常有利于纠正孩子说脏话的不良习惯。

小敬是一名小学二年级的学生，他常常口不择言，特别是一生气了就喜欢说"你是一个讨厌鬼"、"真是恶心人"等粗话。对此，小敬妈妈采用了一种办法。每当小敬说话不注意时，妈妈就很严肃地对他说："这句话我不能接受，不许这样说话了！"并教小敬用"我现在很伤心"、"你这样对我，令我很难过"等语言表达自己的情绪。慢慢地，小敬生气时知道不应该说哪些话，应该说哪些话，说脏话的坏毛病也基本改掉了。

3. 创造一个文明的语言环境

孩子说造脏话的原因，与父母有着必然的关系，如果父母说话粗俗，满口脏字，这就很容易使孩子去模仿。因此，父母要为孩子创造一个文明、礼貌的语言环境。比如，父母要提高自身的修养，严于律己，不说脏话、粗话，对人和气，为孩子做出良好的榜样；有目的地筛选影视、文学作品，通过看电影电视、讲故事等形式教会孩子学用礼貌用语；如果父母偶尔说了粗话，应该坦诚地跟孩子检讨："刚才是由于不高兴，说出了那句话，我们是不对的，你也不要学，今后我们谁都不说这种话了。"

4. 惩罚明知故犯的行为

当孩子总是故意在说一些粗话、脏话，父母要严肃批评。在多次解释和劝告都无济于事的情况下，父母应该立即采用一些惩罚措施来制止孩子的这种行为，使孩子深刻地认识到说脏话会给自己带来的不良后果，在以后的生活中，他自然就会有意识地改掉说脏话的习惯。

比如，当孩子对别人说脏话，形成冲突时，父母最好不要代替孩子去向被骂者道歉认错，应该引导孩子自己去面对实际，让孩子自己向别人道歉，自己承担责任；教育孩子说脏话必须写检讨，分析自己行为对别人的伤害；让孩子停下他正在做的感兴趣的事，让他安静地待上几分钟，不许说话，不许动，其间谁都不要和他说话；合理地剥夺孩子看动画片或去游乐园玩的权利等。

✦ 注重仪表美，创造美

刘强和林刚是同一所名牌大学毕业的好朋友，毕业后，他们希望两个人还能够在同一家公司上班，于是就同去一家公司应聘。

经过该公司人事经理对他们的测试，刘强和林刚都很符合这家公司的招聘条件，他们都很优秀。

可是，人事经理不由得犯了难："公司只能招聘一个人，现在两个人都这么优秀，到底该留谁呢？可不可以都留下呢？"出于爱才之心，人事经理向总监提交了一份请示报告。

总监很高兴，心想这么优秀的人才，丢掉其中任何一个都非常可惜。因此，总监决定先见见刘强和林刚再作决定。谁知，见面之后，总监却改变了主意，立即点名只留下了林刚。

刘强落选了，他非常不服气。"我到底哪里不符合要求呢？"他问总监。

总监不紧不慢地说："年轻人，不管是专业知识和业务能力，你都是很优秀的。但是，有一点你比林刚差了些，因为他比你更注重自己的仪表。你看他，从上到下，每一个细节都打扮得很合适，这让我觉得他对于这份工作很重视。其实，任何一份工作都需要细心，如果对自己满不在乎的话，那么谁又能放心将重要的工作交给他来做呢？"

实际上，我们每个人都像一间房子。如果说内在的知识和修养是房子里的布局和陈设，那么，我们外在的仪表就是房子的玻璃窗。干净明亮的窗户能够让人一眼看清房间里的雍容典雅，让人顿感心情舒畅；而污浊不堪的窗户就可能将房子的美好完全遮蔽，给人留下不好的印象。故事中刘强正是败在了外表这扇"玻璃窗"上。

当然，我们提倡注重仪表美，并非是让家长把孩子打扮得油头粉面，也不是要家长给孩子买最贵最华丽的衣服，而是希望家长能够培养孩子注重卫生、学会正确地着装等。也就是说，培养孩子正确的审美观，帮助孩子养成整洁和得体的好习惯。

生活中，常有一些家长抱怨孩子不懂事，非名牌衣服不穿。其实，做父母的是否也应该反思一下，孩子从小到大，自己又何曾给过他审美观的培养和教育呢？

应该说，一个人审美品位的高低，是最能反映其个人气质的。因此，如何培养孩子具备较高层次的审美意识，以让孩子在富有个性的审美中建立自尊与自信，是渴望把孩子培养成一个气质良好的父母必须要掌握的。

对此，昭昭的妈妈做得很不错，她是这样培养女儿昭昭的审美观的。

对于孩子的穿戴选择，我从不给予硬性的规定，告诉她哪些可以穿或者哪些不可以穿。

之所以如此，主要是为了防止孩子产生逆反心理，认为妈妈在限制她追求美。我心里很清楚，即使是父母也没有限制孩子追求美的权利。

有一次，我在一个因为拆迁而即将关闭的市场，花50元买了3斤毛线头，准备给孩子织毛衣。

买回家后，我把毛线一一接上并缠好，织出来两件花花绿绿的毛衣。我利用毛线颜色不一的特点，设计出两个富有儿童情趣的款式和图案。昭昭穿上后，开心极了。而且这两件衣服也深得周围小朋友们的喜欢，她们纷纷围着昭昭的毛衣看，摸摸上面的小兔子，揪揪小鹿的犄角，羡慕得很。

类似的情况还有很多，甚至有时候过年，昭昭都不让我给她买新衣服，而是和我一起设计、探讨怎样用家里的一些布头或者现有的毛线做衣服。每当看到我们精心设计并亲手加工的衣服新鲜出炉的时候，昭昭都会激动不已。她还说，这些衣服是她永远的宝贝，无论到什么时候，她都不会丢弃它们。

可以看出，昭昭和妈妈都是爱美的人，但她没有像很多孩子那样追求名牌，而是在妈妈的正确引导下，从一点一滴的心思和一针一线的劳动中感受到了美的真实含义。

1. 给孩子正确的审美引导

一个人审美水平的高低将直接反映到其气质上来，往往气质高雅的人，他的审美能力也高。这样的人知道在什么场合穿什么衣服，戴什么首饰。

对于幼小的孩子而言，他们最初对于美的追求可以是从模仿一些成年人开始，穿看起来流行时尚的衣服，笨拙地学着别人化妆。这样孩子可能会因为盲目追求美而出现一些低级错误。父母若是发现了，不要讽刺和打击孩子，否则会导致孩子自卑，并抹杀其对美的追求，阻碍孩子正确审美观的形成。

周末的早上，可可的妈妈喊可可吃早餐。可可冲着自己房间的门喊了一声："妈妈，再等会儿，我要给你惊喜哦。"

过了一会儿，妈妈见可可还没出来，就走到她房间门口说："干什么呢？

早餐都凉了。"

可可把门打开，没想到让站在门口的妈妈差点晕过去：可可的嘴唇涂得红红的，眉毛画得又粗又黑，头发也弄得像个鸡窝似的。妈妈不禁摇起头来："天哪，妈妈还以为我们家出现什么怪物了呢，你可真是瞎胡闹，快洗掉！"

听了妈妈的话，可可差点哭出来，嘟着嘴，赶紧跑到卫生间洗脸去了。

大约一个月之后，可可的班主任孙老师打电话给可可妈妈说："元旦联欢会上，可可要表演节目，可她就是不肯化妆。请你们做做工作，好吗？"

此时，可可妈妈才意识到自己当初犯下了一个大错误。

由此可见，父母对于孩子的态度将直接影响孩子对于美的追求。诚然，父母都希望自己的孩子懂得穿衣打扮，拥有不俗的气质，可是这些都离不开父母的正确引导。

2. 让孩子尽情施展创造美丽的才能

很多孩子都有自己的毛绒玩具，父母可以让孩子为玩具穿衣服、换衣服，并且告诉他："孩子，你试一下，怎么给娃娃穿衣服才最美丽呢？"这时候孩子就会很乐意地为玩具换衣服。此外，父母可以让孩子动手给娃娃制作衣服及小装饰，比如给孩子一块漂亮的布，让他给娃娃穿上一条花裙子，或者让孩子往娃娃的头上戴一下，看怎么弄会更美丽。这些都是让孩子施展创造美丽才能的表现，不知不觉中你会发现，孩子越来越会打扮自己了，也变得更加漂亮可爱了。

3. 带孩子走出攀比的误区

孩子的自我意识会让他们产生希望成为别人注目的焦点的愿望。因此，他们会努力让自己漂亮帅气，当看到别人有而自己没有的东西时，往往就会不由自主地产生一种自己也想拥有的心理。

之所以如此，其实不一定是孩子真的感觉别人的东西好，而是他的攀比心理在作怪，在他看来，别人之所以比自己漂亮帅气，是因为他穿的衣服是名牌，戴的手表是名牌。在这种心理指导下，他就会要求父母给自己也买名牌服饰，并认为自己穿上也会形象不俗。

所以，一旦发现孩子出现攀比心理，父母一定要及时帮助纠正，把孩子引导到正确的审美取向上来。

在如今这个充满物质诱惑的社会中，作为父母，有必要帮助孩子找到属于他自身的个性之美，始终让孩子拥有一份自尊自信。这样，你的孩子就不会盲目追求不属于自己的美，而更能体会到创造美的过程比享受美更令他陶醉和欣喜。

第二章　品德教育：
塑造良好品德，便是修身养性
Chapter 02

品德是一个人的立身之本，
就像花草树木都有根，
根扎得不深就长不好。
好品德不会天生带来，
必须经过后天修养。
育人先育德，
培养有教养的孩子必须从培养优秀的品德做起，
如谦虚谨慎、言而有信、言行一致等，
如此便是修身养性，且颇有教养。

❋ 提升孩子的人格魅力

钟瑞是初中一年级的小男孩,刚升入新年级不久,他就俨然成了班里的中心人物。上自习课的时候,他说一句"请大家安静"的话,比班主任唠叨半天都管用;班上有个调皮捣蛋的小男生,谁都不服就是服钟瑞,每次打扫卫生都有理由逃避的他,只要钟瑞一说,就马上很"给面子"地忙碌起来。

班主任老师渐渐发现了这些奇怪的现象,于是找来几个班上的同学询问究竟,没想到孩子们竟异口同声地回答:"他有魅力啊,老师!"

或许在孩子们的字典里,"魅力"还是一个有着模糊概念的词,但是他们通过电视、网络等媒体对"魅力"一词有了一定的感知。孩子们用他们稚嫩的心灵对"人格魅力"这个词语有了一定的理解和体会,并且毫不掩饰对那些在他们看来拥有人格魅力的同学的崇拜和敬仰,而且还会把他们作为自己模仿和学习的对象。

其实,即使成年人,也难以对"魅力"一词下多么确切的定义,它更多的是来自于我们内心的一种感受。有时候,我们和有些人即使只有一面之缘,就能被对方深深吸引,让我们喜悦,让我们欣赏,这就是人格魅力。

看到这里,一定会有家长说,我家孩子连老师教的知识还没掌握呢,平时也不听大人的话,将来连大学恐怕都难以考上,还谈什么人格魅力!这是不是说明在这些家长眼中，掌握技能要比人格魅力重要得多呢？

不可否认，到现在为止，还鲜有教子书籍将培养孩子的"人格魅力"作为关注点，这主要是因为，一方面，"人格魅力"往往是很多种品质的综合，单独拿出来说的可操作性偏弱；另一方面，可能多数教育专家认为对孩子讲"人格魅力"为时尚早，因为孩子们甚至还不能理解"魅力"究竟是个什么东西。

然而事实上，人格魅力本身包含着极为广泛，也极其深刻的内容。一个充满人格魅力的人，可能源于他时刻散发的自信的光辉，也可能源于他幽默机智的谈吐，抑或许是他彬彬有礼的绅士做派……总之，对孩子进行"人格魅力"的培养是一个相当大的话题，如果放开了去谈，恐怕一整本书也未必说得清楚。所以在此，我们只讲述比较大的几个方面，而关于更细致的问题还需要父母提高自身修养，给孩子言传身教的影响。

1. 为孩子营造一个民主、和谐的家庭氛围

在很多教育思想中，这一点我们都曾经提到过。这一点看似老生常谈，但却是孩子健全人格形成的基本保证。

一个民主、和谐的家庭气氛，才能培养出有着积极、主动的生活态度的孩子，使孩子能自觉地参与到家庭活动中去。

父母之间的互相爱护、关心、体谅，对长辈能够尊重、照顾、体贴，对孩子做到严爱适度，这些都能够使孩子正确地认识和评价自己，形成自尊、自信、自主、自控、亲切等积极情趣。但是，如果孩子生活在一个充满争吵、矛盾的环境中，他们就容易缺乏安全感，进而对人不信任，有时甚至还会有暴力倾向。

2. 培养孩子生活的自立能力

教育的目的绝非是让孩子完全听父母的话，顺从父母的意思，而是让孩子能够独立地成长，即使离开父母的庇护也能够坦然面对生活的挑战。

而现实中，很多父母对孩子颇具牺牲精神，为了孩子自己什么都可以付出，这样虽然是一种爱，但这种过度地保护扼杀了孩子独立的要求，使本来可以成长为富有创造性、精力充沛、信心十足和勇敢无畏的孩子却变成了畏缩、举棋不定、胆小软弱的孩子。

或许这样的孩子"很乖巧"，但却往往没有自立的能力，若如此，又谈得上什么人格和魅力呢？

和任何品质一样，人格魅力的形成也不是一朝一夕的事情。所以，父母们要持有耐心，并坚定不移地帮助你的孩子塑造无穷的人格魅力。若如此，你的孩子势必成为集体的中心，这将为他将来成为一个成功者打下坚实的基础。

❦ 没有一个人真正拥有骄傲的资本

小卡尔刚出生的时候是一个智障儿，但是他有一个善于培养孩子的好父亲——老卡尔。老卡尔运用一种与众不同的教育方法，使小卡尔成为一名天才少年。

在老卡尔的教育方式中，谦虚谨慎是至关重要的一点，他一直禁止任何人表扬他的儿子，生怕孩子滋长骄傲自满情绪，从而毁了他的一生。

在他的著作《卡尔·威特的教育》一书中，他这样写道：

有一次，哈雷的宗教事务委员赛思福博士对我说："你的儿子骄傲吧？"我说："不，我儿子一点也不骄傲。"这时他一口咬定说："这不可能，像这样的神童如果不骄傲，那你儿子就不是人。一定骄傲，骄傲这是很自然的。"

事后，我让他看看我儿子。他们谈了很多话，一会儿他就完全了解我儿子了，并对我说："我实在佩服，你儿子一点也不骄傲。你是怎样教育他的呢？"我让儿子站起来，让他把我的教育方法讲给赛思福博士听。听后赛思福服气了，说："的确，如果实行这样的教育，孩子就不可能骄傲，真是佩服。"

老卡尔非常了解孩子的心理，自己的孩子实在太优秀了，太优秀的孩子往往经不起表扬，表扬过多往往会导致孩子骄傲自满心理的产生。因此，他在生活中有意识地避免表扬孩子。

"谦虚使人进步，骄傲使人落后。"这句话几乎每个人都知道，但是做的时候就没有那么容易了。现在有些孩子特别喜欢张扬，自己有一点小成绩，就骄傲得不行；有些孩子好胜心很强，总是喜欢事事争个输赢；有些孩子爱慕虚荣，往往喜欢不懂装懂……

事实上，没有一个人真正拥有骄傲的资本，因为不管是谁，即使他在某一方面的造诣很深，也不能够说他已经精通一切，天下无敌了。

正所谓"生命有限，知识无穷"，哪一门学问都是浩瀚无垠的海洋，谁也不能认为自己已经达到了最高境界而止步不前、趾高气扬。如果那样，他必将很快被别人赶上或超越。

可以说，谦虚是一种美德，更是一个人成才、成功的重要因素。在奔向成才、成功的旅途中，任何一个环节做得不好，都有可能影响最终的结果。而只有那些谦虚的人才会时刻注意到自己的不足之处，从而能够更广泛地学习，不断地丰富自己的大脑，提高自身的素质，让自己可以站得更高，看得更远，思路更加开阔。

所以，要想让我们的孩子成为一个有修养，并最终走向成功的人，父母们就要从小培养孩子谦虚谨慎的习惯，让孩子戒骄戒躁，在谦虚中不断汲取知识，不断取得进步。

1. 引导孩子客观地认识自我

郭倩是个小学三年级的女生，有着很强的好胜心理，凡事都不允许别人比她强，否则就会耍脾气。一次和妈妈聊天，郭倩提到了与数学老师发生的争执，原因是数学老师说郭倩的细心程度没有刘娜好。

妈妈听了，语重心长地说："老师批评你，并不是看不起你，而是希望你进步。老师能够不怕你的抱怨，而选择了批评你，原因就是他希望你进步。妈妈也是这么希望的。"

听了妈妈的话，郭倩深受触动，后来，她果然慢慢改正了自负的坏毛病。

孩子高估自己，认为谁都不如自己，往往是因为他们只看到自己的长处，而看不到自己的短处，总拿自己的长处比他人的短处。所以，一旦发现这种苗头，父母要及时给予教育和引导，让孩子能够正确地认识自己，看待他人。

2. 表扬的方式要正确

虽然表扬教育被广泛认同，但如果过分夸奖和肯定孩子，很容易使孩子产生骄傲情绪，认为自己是天下第一，无人能敌的。一旦孩子产生了骄傲情绪，再纠正就困难了。

蕾蕾和妈妈一起玩跳绳。妈妈一口气跳了20多下，而蕾蕾只跳了5下。

妈妈觉得不能错过这个表扬孩子的好机会，于是，她眉飞色舞地对蕾蕾说："哇——蕾蕾好棒，简直是跳绳冠军呀！比妈妈强多了。"

听了妈妈的话，蕾蕾突然莫名其妙地把跳绳一扔，还大声哭闹起来："不玩了！不玩了！"

任凭妈妈怎么哄，蕾蕾就是不肯继续玩了。

这下，妈妈很纳闷："怎么还表扬出事儿来了？"

这样的情况你是不是也常遇到？那么到底是什么原因呢？

其实，问题就出在蕾蕾妈妈表扬不当上。在跳绳游戏中，妈妈分明比女儿跳得多，女儿正暗自较劲儿要赶超妈妈呢，没想到自己比妈妈差那么多。可是这时候，妈妈却冒出几句表扬自己跳得好的话，还说自己跳得比她都强，这无异于给蕾蕾"当头一棒"，使蕾蕾备感惭愧，让她觉得妈妈在故意"讨好"自己。

由此可见，表扬虽好，但滥用却是不可取的。

3. 让孩子正确面对批评建议

有些孩子自尊心太强，根本忍受不了一丁点批评。但是父母要知道，能够正确面对批评和建议，孩子才会不断取得进步，也才能赢得周围人的喜爱和信赖。

我们要让孩子知道，他所受到的批评往往是因为他的某种缺点导致的，他只有接受这样的批评，才能比较清楚地看到自己的缺点，让自己不断完善和进步。

4. 常给孩子讲一些优秀人物的故事

父母可以利用孩子喜欢听故事的特点,多给孩子讲一些优秀人物的故事,以此对孩子进行激励。让孩子知道:天外有天,人外有人。他所取得的成绩和进步,和很多人比较起来是微不足道的,所以没有理由不谦虚一些。

对任何人来说,谦虚都是一项积极有力的特质,可以让我们不断得到提升。作为父母,应该耐心地引导孩子,让他明白每个人都有自己的优点和缺点,别人身上有很多值得自己学习的地方;我们要善于发现别人的优点,并看到自己的缺点,用他人之长补自己之短。这样,才能不断地取得进步,才能离成功越来越近。

❀ 保持天性,学会坦诚待人

一天下班后,俏俏妈发现女儿的情绪不太对劲儿,一放学就钻进自己的房间里去了,连平时最喜欢的动画片都没有出来看。俏俏刚上小学一年级不久,这么小的孩子能有什么烦心事呢?俏俏妈走进了女儿的房间,想看看是怎么回事。

看见妈妈进来了,俏俏委屈地哭了起来。原来,俏俏今天和最好的朋友诺诺闹别扭了。诺诺特别喜欢俏俏头上戴的头花,俏俏记得家里还有一个一模一样的,于是就答应回家拿来送给她。可是俏俏在家里没有找到另一个头花，于是诺诺就生气了，她说俏俏不讲信用，两个孩子就因为这事闹了别扭。妈妈摸着女儿的头，说："俏俏，你既然答应了诺诺要送头花给她，就一定要守信用，你可以把你头上的这个头花送给她啊！如果你不能对自己的好朋友讲诚信，那你的朋友自然也就不会喜欢你了，对不对？在你答应别人一件事之前，你应该考虑好自己到底能不能做到，如果没把握就不要轻易许诺，否则就会食言，人家就会认为你不讲诚信。你明白了吗？"

俏俏点了点头，说："我知道了妈妈。我这就给诺诺打电话，告诉她，我不是不守诚信，我把我这个头花送给她。"看着梨花带雨的孩子，俏俏妈欣慰地笑了。

谚语有云："一两重的坦诚，胜过一吨重的聪明。"可见坦诚之重要。

"茄子不开虚花，小孩不讲假话"，可见孩子的本性是天真坦诚的。

由于涉世未深，孩子完全不通人情世故，他们心里想什么就会说什么做什么。作为家长，万不可把孩子的这种天性抹杀。与其把成人世界里的那一套"八面玲珑"之术教给孩子，不如让他们保持天性，学会坦诚待人。因为这种天性难能可贵。

美国著名小说家西奥多·德莱塞曾说过这样一句话："诚信是人生的命脉，是一切价值的根基。"

从字面意义上来讲，诚信就是诚实守信，是做人的根本，屠格涅夫曾说过："先相信你自己，然后别人才会相信你。"作为中华民族的传统美德，它是一种十分重要的品质，也是孩子将来安身立命的重要"品牌"。

一个讲究诚信的人往往会是一个坦荡荡的"君子"，而具有了这样的人格品质无疑就会产生高度的自信。正所谓"信者无畏，勇者无敌"。要养成孩子自信勇敢的人格素质，那么培养孩子的诚信品质无疑就是最根本的内部驱动力。

曾经有人在企业经理人员中做过一个调查，调查问卷的题目有两个：一是"你最愿意结交什么样的人"；二是"你最不愿意结交什么样的人"。调查结果是：在"最愿意结交"的人中，"正直诚信的人"排在了第一位；在"最不愿结交"的人中，"不正直不守信的人"排在了第一位。这个结果提示我们：正直诚信是每个人的立身之本。

应该说，在现代生活中，能否遵守诚信已经越来越被人们所看重。一个不讲诚信的人是难以在社会上立足发展的。所以，对孩子的诚信教育已经成为了家庭教育和社会教育中一个重要的组成部分。

孩子的诚信意识，是从他的人生经历中逐步培养起来的。培养孩子诚信意识的第一任教师当然是父母。

要使孩子诚信，家长首先要做到"说话算数"。一个男孩说："我爸爸说，只要我考试得了100分，星期天就带我去公园玩。我真的考了100分，爸爸却说他没时间。"一个女孩说："我妈妈说，写完作业就让我出去玩。我写完了，妈妈却不让我出去玩了，说再让我做10道练习题再出去玩。我就不想再做了。"家长们就是这样一次次"说话不算数"，失去了孩子的信任，也失去了自己在孩子心中的威信。

家庭教育中的诚信教育绝不仅仅是家庭的责任，它关乎未来公民素质的培养，是每个家庭在社会文明进程中应尽的义务。

1. 尽量满足孩子的合理需要

很多时候，年幼的孩子之所以做不到诚信，大多出于某种需要，当他合理的精神需要和物质需要没有得到满足，他必然会寻找满足需要的办法，如果父母此时过分抑制，那么孩子就会换种方式，以某种不诚信的行为来满足自己的需要。

晓亚为了得到一个新书包对妈妈说："妈妈，班里的同学每个人都有漂亮的新书包，只有我一个人背着旧书包，你也给我买一个吧。"

实际上，并不是每位同学都有新书包，这不过是晓亚为了满足自己的虚荣心而这样说的，因此，父母应认真分析孩子的需要，尽量满足合理需求，假如他的书包的确已经比较破旧，那么就可以给他买一个合适的新书包。

在满足孩子需要的时候，父母应该认真倾听他的心里话，而不要以成人的想法来推测他的心理。当孩子向父母讲说完需要之后，可以坐下来和他一起分析哪些是合理的，哪些不够合理，哪些是可以满足的，哪些要等将来才能满足他。然后及时满足他的合理需要，对不合理的需要，耐心讲明道理，这样不仅可以杜绝孩子由于虚荣或得不到满足而言行不一，而且还能让他懂得，什么是合理需求。

2. 为孩子树立正确的榜样

想让自己的孩子做到诚信，父母首先要拥有诚信的品质，只有自己做到了，孩子才能在潜移默化中获得感染，进而转化为自己的行为。

曾子曾经做过这样一件事：

一次，曾子的妻子要出门买东西，孩子非要跟着一起去，她想让孩子待在家里，于是告诉他："儿子，你在家乖乖地等我，只要你听话，我回来就杀猪给你炖肉吃。"儿子听到这里，很听话地在家等着妈妈回来。曾子把这一切都看在眼里，并记住了妻子的话。

中午，妻子回来后，看到曾子正在磨刀，于是问他做什么，曾子说：

"我要杀猪给儿子炖肉吃。"妻子笑了笑说:"你太傻了,我不过是说说哄孩子听话的,怎么能当真呢?"曾子语重心长地说:"小孩子是不能欺骗的,如果父母说话不算数,孩子长大了就不会讲信用。"于是他们一起把猪杀了,给儿子做了香喷喷的炖肉。

为了让孩子拥有诚信的良好品质,在日常生活中,父母一定要对孩子说话算数,想要纠正孩子的不良习惯,父母需要言行一致,因为孩子的模仿能力很强,很容易受到某种行为的暗示,如果父母言行不一,不履行承诺,那么孩子也会受到暗示,也会这样去做。

3. 对孩子讲诚信的言行要及时表扬和鼓励

对于孩子的言行,家长给予什么样的反应会起到推动或是阻碍的作用。如果在孩子做出某种诚信行为后,家长给予表扬和鼓励,那么孩子就会认为自己做得对,做得好,以后还会继续如此;如果家长没有任何表示,孩子的这种行为意识得不到强化,事后可能就不会继续这样了。例如:孩子答应了要把自己心爱的玩具送给小伙伴,并且真的做到了,这时家长应给予表扬,而不要心疼玩具被孩子送了人而斥责他。家长应鼓励孩子不管在什么时候都要做到说话算话,讲诚信的原则。

4. 对于孩子的"撒谎"行为不要"一棍子打死"

作为父母,要知道,孩子的撒谎行为不是天生的。之所以说谎,要么是受到周围人包括父母在内的不良影响,要么父母对孩子不守信用,或者是孩子害怕说真话受到父母责骂,要么只是孩子即兴而为。一旦发现孩子撒谎,父母应该做的是启发孩子,让他认识到自己的错误。如果孩子承认了自己的错误行为,那么父母就要谅解孩子并进行鼓励和监督。

孩子是否讲诚信，其实在很大程度上都取决于父母对他的教导，每一位父母都希望自己的孩子正直、公正、坦诚，不希望他撒谎，那么，就将本节内容所提出的理论和指导方法运用于你的教子实践中吧。相信，在正确的教育和引导下，你的孩子定能成为一个讲诚信的好孩子。

❀ 告诉孩子要言必信，行必果

周五晚上，尤小成的妈妈回家后，从包里拿出两张朋友送的《功夫熊猫》的电影票。尤小成见了惊喜不已，这可是他最近最期待的事情。

兴奋中，尤小成只简单吃了几口饭，便和妈妈下楼，准备一起去电影院了。刚到楼下，小伙伴冰冰的妈妈看到尤小成，热情地说："冰冰已经准备好了，时间也差不多了，现在去我家怎么样？"

这时候，尤小成的妈妈已经把车开过来，停在儿子身旁。两位家长打过招呼之后，妈妈发现儿子明显有些不自在，就问道："有什么事吗？"

"我本来……和冰冰约好……今天……去他家玩'打怪兽'的游戏。"尤小成吞吞吐吐地说。

妈妈接着问："既然你已经和他约好了，为什么还和妈妈去看电影呢？"

尤小成有些难为情地说："我太想看《功夫熊猫》了，所以，我就不想去和冰冰玩了。"

尚未离开的冰冰妈妈笑着说："原来你要去看电影啊，既然你这么想去，那就和妈妈去好了，等有机会再去我家。"

但是，尤小成的妈妈却没有同意，她认真地对尤小成说道："你知道吗，你这样做，只能说明你是个不讲信用的人。答应了别人的事不去做，以后别人还怎么会信任你呢？"

尤小成点点头，他坚定地对妈妈说："今天不去看电影了，我要遵守诺言，去找冰冰。"

可能有的家长认为，尤小成的妈妈做得有些过了，为了孩子和小伙伴约好一起玩耍，便让孩子放弃喜欢看的电影，白白浪费一次机会。

其实，这样做看似"损失"不小，但和培养孩子的言而有信的品质来讲，这点损失实在微不足道。

试想，如果尤小成的妈妈带孩子去看了《功夫熊猫》，虽然满足了孩子的需求，也不至于浪费电影票，但那样必将丧失一次让孩子建立诚信意识的大好机会。

如果一个孩子缺乏诚信意识，那么他可能会因为掩盖自己的不诚信行为而编出谎言，而谎言又将是个无休止的行为，一个谎言后面需要许多个谎言来圆谎。

这样一来，孩子将成为一个怎样的人，简直不堪设想。所以说，要想让孩子成为一个讲诚信的人，父母就得在生活中注重一点一滴的培养。

父母们要知道，家庭教育中的诚信教育绝不仅仅是家庭的责任，它还关乎未来公民素质的培养，是每个家庭在社会文明进程中应尽的义务。

下面，我们就来看一下，父母应该具体从哪些方面培养孩子的诚信意识：

1. 监督孩子和伙伴及他人之间的约定

孩子们之间也会像大人一样，彼此做出一些约定，比如下了学一起去游乐场玩耍，周末的时候一块儿到哪个同学家温习功课等。如果父母知道这些情况，就要监督孩子的行为，让孩子履行诺言。同时，父母如果有别的安排，除非不得已，否则不要随便打乱孩子的计划，而应为孩子提供便利，对孩子履行约定的行为提供支持。

2. 及时表扬孩子的诚信行为

孔孔是幼儿园大班的一个小朋友，一次和小伙伴玩耍的时候，为了得到对方的玩具，孔孔当即答应玩耍结束后，让对方来自己家吃冰棍。孔孔果真说话算话，和小朋友玩够了后，领着人家来到自己家，从冰箱里取出了两根冰棍，招待起小伙伴来。

见此情景，孔孔妈妈称赞儿子是个讲诚信的好宝宝，并且希望他以后继续保持。

孩子可能并不知道"诚信"一词的概念，但他们却往往能够在无形中表现出诚信的行为。这时候，虽然是孩子的无意识行为，但父母如果进行表扬和鼓励，必将大大强化孩子这方面的意识，也就更容易使之成为一个言必信、行必果的好孩子了。

3. 对孩子的"说谎"行为不要随意惩罚

父母们都不希望自己的孩子撒谎，但我们也要知道，有时候孩子撒谎是由于外界因素导致，比如，受到父母的不良影响，或者担心受到责骂，也或者是孩子"发挥想象"导致的。

不管是哪种情况，父母都不要随意惩罚孩子，而应该耐心地启发孩子，让孩子从心里认识到自己的行为是不正确的。一旦孩子接受了这样的教育，对自己的错误行为表示承认，那么父母就要及时表扬，以此来巩固孩子诚实行为的意识。

4. 父母要树立讲诚信的榜样

虽说大多数父母都知道讲诚信的重要性，但并不是所有人都能做到这一点，特别是面对孩子的问题时，有些家长会秉持"孩子好糊弄"的观点，经常对孩子食言，答应孩子做什么，到头来却并没有付诸行动。

暑假的一天，贝贝和妈妈说起很多小朋友最近都去海边的事。妈妈问他是不是也想去？贝贝点点头，并问妈妈："什么时候可以带我去啊？"妈妈想了想说，下个周末吧。

看到妈妈应允，贝贝很开心。终于过完了"漫长"的一周，迎来了贝贝和妈妈约定的去出游的周末。

可是很不凑巧，贝贝妈妈想在那天去看望一个生病的同事，于是贝贝妈妈就想再推后一周。这下，贝贝爸爸不同意了，他说："你既然答应了孩子，就该兑现诺言，否则让他怎么相信你？"最后，贝贝爸爸建议，妈妈早一些去看望同事，争取中午之前赶回来，然后再带贝贝去海边。

对于这一决定，贝贝和妈妈都表示同意。这一天，贝贝和爸爸妈妈玩得很开心。虽然爸爸妈妈很忙碌，但因为践行了对孩子的诺言，即使忙碌也觉得很值了。孩子呢，则在这种榜样的影响下，懂得了讲诚信的重要性。

的确如贝贝爸爸所言，既然答应了孩子，就该兑现承诺，否则孩子怎么会信任父母？一个对孩子不讲信用的家长，是不可能培养出讲诚信的孩子来的。

因此，作为父母，我们一旦对孩子做出了某种承诺，就一定要做到，即使因为某些客观原因无法兑现，也要对孩子讲明原因，请求孩子的谅解。否则，会让孩子对父母产生不信任感，认为父母说话不算话。久而久之，孩子也会效仿父母，成为一个不讲诚信的人。

一位著名的教育专家曾经表示，真正的诚信就是一块闪光的"金字招牌"，它能让那些透过灰尘看见金子本质的慧眼，对他刮目相看。一个从小就懂得讲诚信的孩子，他就会在交际上赢得朋友，在工作中拥有伙伴。诚信就如同孩子人生的通行证，为其一生铺垫最坚实的亮色，照亮其未来的人生之路。

✤ 守信从一点一滴做起

某小学开家长会，班主任孙老师给家长们透露了一些"机密"。原来，为了了解孩子们的情况，她"潜水"到校园局域网中，在孩子们常说"真心话"的地方看到了这样几篇日记：

孩子甲说：今天真倒霉，期中考试的分数出来了，我的名次又降了4名。爸爸给我制定的目标是进入全班前10名，我也暗下决心要努力，要给他一个惊喜。但不知为什么我付出得比别人多，但还是考不过他们，看样子我是比他们笨点。今天爸爸肯定要问我名次，我不想让他伤心，我想先撒个谎，期末再好好努力就是了。

孩子乙说：我回到家最怕听妈妈唠叨，某某家孩子考上重点高中了，某某家孩子考了第一。如果这次卷子让她签字，她肯定要骂我了，本来在家就没地位，这次自己签了吧。

孩子丙说：今天在学校踢球，踢破了一块玻璃，学校要赔10元钱。我不知怎样向爸爸说，肯定又是一顿数落，还要挨打。唉！还是别说实话，就说学校要收资料费吧。

通过以上事例，我们可以看出家庭教育的不当是造成孩子撒谎的主要原因。正是在生活中看似细小的事情上，父母没有给孩子提供实话实说、讲诚信的家庭环境，导致孩子学会了撒谎，并且"依赖"撒谎，"爱上"撒谎。

很多时候，越是细微的事情，往往越容易给人留下深刻的印象。比如，我们向朋友或同事借了钱，本来约定好哪天归还，可是到了那天因为某种原因而还不了，可能会对对方说改天再说吧。

这时，如果借给我们钱的朋友稍有判断力，就知道自己面对的"债务人"是否是个值得信赖的人。

或许借钱一方会这样想：钱又不多，过几天有什么呢？再说了，对方又不急等着钱用。

但是，我们是否也该想一想，因为没有遵守约定，我们的信誉在朋友或同事那里将遭受多大的损害啊？

可以说，一个人是否守信用，讲信义，是其是否具备良好人品的表现，也是能否赢得人心的关键所在。

近些年，有起有落的巨人集团董事长史玉柱身上有一点让人们刮目相看，那就是他企业中的核心骨干，不管是在他事业的高峰时期，还是处于低谷的时候，都能够紧密团结在他的身边，与他同甘共苦。这让人们觉察出来，史玉柱在吸引和凝聚员工方面，有着过人之处。

在一次采访活动中，史玉柱透露了其中的重大"机密"，他表示，管理者用人，第一条是说到做到，建立信任，这是首要的前提。

古人告诫我们："百尺之台，始于垒土。"为此，父母们一定要从日常生活中的一点一滴做起，从小培养孩子诚信的品行，让孩子养成负责任、守信用的好习惯。

1. 让孩子增加一点责任感

有的人说话不斟酌，随随便便就冒出几句。其实，这就是因为缺乏责任感，不懂得设身处地为他人着想。比如，和别人约好 10 点钟见面，却到 10 点半了还不见人影。对于对方焦虑地等待毫不在乎，甚至还把这看作"小事一桩"，无所谓。这显然是缺乏责任心的表现。

因此，做父母的一定要让我们的孩子具备这样的意识——人是一个社会的人，我们的任何社会活动都在表现着一种对他人、对集体、对社会的责任，做人做事一定要"言必信，行必果"。

2. 告诉孩子做出承诺前要三思

明明在班级算是中等生，爸爸妈妈都期待他能考出更优异的成绩。有一天，妈妈对他说："明明，如果你这次期中考试的数学能够考 100 分，妈妈就带你去动物园玩，好不好？"明明十分欣喜地说："好啊，不过老妈，说过的话可要算数哦？"妈妈很欣慰地摸了摸儿子的头，心想，多一些激励的办法，能考出好成绩也是好的。期中考试成绩出来了，明明的数学果真考了100分。明明兴高采烈地跑回家把结果告诉了妈妈。可是，因为妈妈的单位临时通知加班，明明没有去成动物园，很是失落。时间一晃，妈妈自然也就忘记了这件事。很快又到了期末考试，爸爸知道了上次妻子对儿子的许诺没有实现，于是对明明说："儿子，这次你要是能考进班级前三名，老爸就送你一辆自行车。"明明头也不抬地继续看电视。爸爸看出了明明的心思，继续说："明明，妈妈工作太忙，一时间忘记了上次对你的那个承诺，这次老爸来替妈妈补偿，你若考出好成绩，爸爸保证说到做到。"明明心里的结这才打开了，爸爸与他击掌为誓。很快，期末考试成绩出来了，明明考了全班第一，他也如愿以偿地得到了爸爸给他许诺的自行车。

教育孩子承诺是金，重承诺是每个人的立身之本。父母应该言传身教、以身作则，用自己的行动做表率，做孩子的榜样，去影响、教育孩子。

有的人比较冲动，脑子一热，就给别人这样那样的许诺。殊不知，这种未经深思熟虑而做出的承诺，兑现的可能性实际并不是很大。一旦没能兑现，别人在失望的同时，还会觉得你太不靠谱，说话不算话。

3. 让孩子抵御功利的诱惑

很多情况下，导致人产生欺骗、狡诈等行为是源于功利的诱惑。所以，我们一定要教育孩子注意自己的行为，不要太实用主义，不要因为蝇头小利而去算计他人，要把眼光放得长远，只有这样才是一个诚实的人，也才能在未来获取更多更大的利益。

一个老师曾给班里的学生提过这样一个问题：如果在人行道上发现一个

装满现金的钱包,你将怎么办呢?

在某校课堂上各式各样的回答,令人大吃一惊。

一个同学说:"那我先得看看里面有多少钱。"

另一个同学答道:"我会把它保存起来,如果没人认领,我就把那些钱花光。"

第三位同学说:"我会把钱留下来,把皮夹子寄回给失主。"

作为父母,在这件事上该怎么指导我们的孩子呢?正确的做法应该是,我们告诉孩子,如果在路上发现一个装满现金的钱包,应根据里面的身份证件和失主联络,或者原封不动地把钱包交给警察叔叔。当物归原主的时候,只接受对方的"谢谢"就可以了,不应接受其他任何物质性酬劳。

总之,要想培养孩子诚实守信的好品质,父母要抓住生活中的点点滴滴,给孩子提供一个实话实说的家庭环境,家庭成员相互保持诚实真挚的态度,再加上顺其自然地引导,使孩子感到父母的爱护和关心,他才能够信赖父母,讲诚信说实话,有了过失才敢于承认。

多一些宽容，少一些计较

谷龙从幼儿园回到家里，妈妈看到他嘟着嘴的样子，就问怎么了。谷龙告诉妈妈："昨天小宇借我的魔法棒玩，今天还给我的时候，把里面的电池都给用光了。他怎么能这样呢？我自己都知道节约着用，他却一口气给我用到没电。"

说完，谷龙就呜呜地哭起来。妈妈搂过他，轻声问道："那小宇有没有向你道歉呢？"谷龙说："他说'对不起'了，可是道歉有什么用呀，电池不还是没有了吗？"

见儿子这么委屈，谷龙的妈妈继续安慰了一会儿，然后对他说："宝贝，电池没了还可以再买，何必因为几节电池伤了同学和气呢？等周末妈妈有时间就可以去商店给你买电池，先耽误你玩两天魔法棒，没问题吧？"

听了妈妈的话，谷龙渐渐停止了哭泣。妈妈趁热打铁，继续说道："你想想，前些天你把淘淘的遥控汽车弄坏了，淘淘不是还对你说'没什么'吗？妈妈希望你也能向淘淘学习，大度些，原谅小宇。本来你让小宇玩魔法棒，是表现你的友好，小宇也会因此而开心，可是因为几节电池就闹得不愉快，岂不得不偿失吗？"

谷龙似有所悟，他对妈妈说："我现在就要给小宇打电话，就今天对他不满的事向他道歉。"让谷龙没想到的是，小宇回家和父母说了这件事后，他的爸爸妈妈赶紧拿出家里的电池，让小宇第二天带给谷龙了。

孔子曾说："躬自厚而薄责于人，则远怨矣。"

宽容是一个人内在素养的体现，它表现了一个人的思想水平。如果我们的孩子学会了宽容，那么他将懂得善待他人的短处，从而和他人和睦相处；如果我们的孩子学会了宽容，那么他就会善待别人的长处，从而可以让自己不断得到提升。

可是现实情况却离我们的教育目标甚远。如今很多孩子都是自我中心论，不管发生什么事，他们想到的都首先是自己的利益，而不去替别人考虑，一旦别人做得不好或者做错什么，他们就会逮住人家的缺点不放，没有丝毫宽容之心。

不难想象，这样的孩子怎么能得到别人的欢迎和尊重，又怎么能够获得真挚的友谊？

所以，身为父母，我们要想让孩子能够和周围的人融洽相处，能够真正成为一个有素质、有修养的孩子，那么就有必要从小让他学会宽容，能够以善良、理解、尊重和原谅的心态来对待他人。这样一来，不但能让对方因为获得原谅而充满感激，而且反过来也会让我们的孩子获得别人的理解和尊重。

1. 不要用世俗的眼光来影响孩子

有的父母喜欢在孩子面前讨论他的伙伴，比如说，"溪溪那个小姑娘，真不懂礼貌"，或者"哲哲那个小男孩简直太淘气了"，等等，这样会让孩子也对其他小朋友过于挑剔，甚至会影响他长大后看待别人的眼光。

与此相反，如果父母能在孩子面前夸奖别的小朋友的优点，那么孩子既会获得激励，又能够让他知道每个人都存在优点，这样对于孩子以自我为中心的思想会起到一定的帮助。

或许有的父母觉得，自己的价值观已经定型了，对于孩子或者事物的评判是难以改变的。如果是这样，那么请父母们也不要把对某些人和事物的偏见在孩子面前表现出来。因为这会让孩子在潜意识中也受到偏见的影响，从而对这些人或者事物存有偏激的看法。

最好的办法是，父母不去评论，或者只说优点的地方，而不提缺点的地方，这样你的孩子就会受此影响，而多一些宽容，少一些挑剔。

2. 让孩子学会站在他人角度看待问题

成年人之间的交往，常提到换位思考这一点，其实孩子也同样需要。父母们可以让孩子多从他人的角度看待问题，将自己置于他人的位置，设身处地地为他人着想，这样做也是培养孩子宽容品质的好办法。

有一个关于著名教育家陶行知宽容学生的故事，很值得我们学习，现在一起看一下：

一次，陶行知在校园闲逛，发现有位名叫王友的学生用泥巴砸向自己班上的同学，他马上制止了这一行为，并让王友放学后到校长室去。放学后，王友早早地到校长室门口准备挨训，没想到陶校长见到他，马上掏出一块糖果给他，说："这是奖励你的，因为你按时来了，而我却迟到了。"

惊愕的王友接过糖果，目不转睛地看着陶行知，这时陶行知又掏出一块糖果给他，说："这块糖果是奖励你对我的尊重，因为当我不让你再打人的时候，你马上就住手了，我很欣慰。"不等王友说话，陶行知又一次掏出糖果放在他手里："我已经调查过了，你用泥块砸那些男生，是因为他们不遵守游戏规则，随便欺负女生，你砸他们证明你很正直，并且有跟坏人作斗争的勇气，所以应该奖励。"

3. 引导孩子树立正确的价值观、世界观

人就像树上的叶子，各有不同。不但外形上有所不同，而且每个人的思想、观念也都不尽相同。这就导致了，不同的人，会有不同的文化背景、不同的思维方式、不同的价值观念等。所以，这就需要我们逐步让孩子一一理解，以此避免孩子"唯我独尊"的心态，能够容忍别人与自己相悖的地方。

当然，我们必须承认，由于孩子心智不成熟，待人处世的一言一行难免会存在一些问题。但是父母们只要具有耐心，并且能够以身作则的话，那么孩子就会在这样的教育观念和环境熏陶下，逐渐成为一个懂宽容、有修养的好孩子。

❀ 讲公德，从孩子做起

8岁的金铭在妈妈的陪伴下去上学，当走在学校附近的路上时，看到一个小男孩随手就把香蕉皮扔到了地上。金铭的妈妈正要说什么的时候，只见在那个小男孩身后的一个小女孩走过去，捡起地上的香蕉皮，跑到垃圾桶旁边扔了进去。

妈妈问金铭："你看刚才那两个小朋友，哪个比较好呢？"

金铭不假思索地说："当然是后面那个小姑娘喽。"

妈妈接着问:"为什么啊?"

金铭回答道:"因为她像我们老师说的,是一个讲卫生的人,如果她不捡起来的话,肯定会有人不小心踩在上面摔跤的。"

听了女儿的回答,妈妈非常开心:"你说得很好,要做一个讲卫生的孩子,不可以随便扔垃圾,就算是别人扔掉的,自己也要学习那个小姑娘,捡起来扔进垃圾桶里。"

身为父母,无不希望自己的孩子成为一个独立的、有着良好社会公德的人,而这也是父母们终生的责任和事业。

如果注意一下,我们不难发现生活中类似这样的场景:

在公共场所,孩子无所顾忌地大喊大叫、乱发脾气,或者和同学大声谈笑;

在游乐场所玩运动器械,不排队,硬加塞;

小区花园里,孩子见盛开的鲜花漂亮,随手就摘下一朵,然后把玩;

七八岁的孩子坐在地铁里的座位上,而父母背着沉沉的背包站在一旁。

诸如这样的场景总会时不时跃入我们的视线,而当遇到这样的孩子,我们也总是会摇摇头,甚至说一声:"真没教养。"更有甚者会把矛头指向孩子的父母:"这家长怎么当的,看把孩子给教坏了!"

没错,孩子之所以如此,的确是父母教育的结果。古语所说"养不教,父之过"也正是这个道理。

或许这些父母不知道,社会公德是每个公民为维护社会正常生活秩序和人际关系而必须共同遵守的最简单、最起码的社会公共生活准则;它是调节人们在社会公共生活中的相互关系、维护公共生活秩序和社会共同利益,为社会普遍公认的最基本的行为准则。如果孩子具备了公德意识，那他的事业成功概率也就加大了砝码。所以说，父母必须在孩子小的时候就让孩子养成遵守社会公德的良好品质。

1. 父母遵守社会公德，为孩子树立榜样

妈妈和琦琦去超市，过马路的时候，突然红灯亮了，妈妈赶紧拉住了琦琦。这时候，一个年轻小伙子见车辆不多，就快速穿过了马路。

琦琦对妈妈说："妈妈，快点，那个叔叔都已经过去了呢。"

妈妈严肃地说道："不可以闯红灯，那样很危险，而且很不道德。"

可是琦琦还是不服气地说道："可是那个叔叔已经过去了，不是也没关系吗？"

妈妈说："他做得不对，如果每个人都闯红灯，那两边的车辆就无法行驶了，路面上就乱套了，很容易出现交通事故。我们一定要遵守交通规则！"

听了妈妈的话，琦琦便不再说话，于是跟妈妈一起等绿灯亮了才过了马路。

父母永远是孩子行为的榜样，只有父母遵守社会公德，才能够在孩子面前树立一个良好的"模板"，让孩子建立起公德意识。

2. 从小教育孩子懂礼貌

有的孩子说话很刻薄，让人听了很不舒服。这样的孩子显然是缺乏良好的教育的。

婧婧和涔涔是好朋友，一次两人一起去公园玩耍，却因为争抢公园里的石子发生了争执。

起初两人各不相让，后来，婧婧想到自己既然和涔涔是好朋友，就应该妥协，于是她准备放弃。可是，涔涔却不领情，生气地说道："你爸爸妈妈都离婚了，你还不老实点！"

听了涔涔这么说，婧婧的眼泪刷刷地落了下来。

我们都知道"良言一句三冬暖，恶语伤人六月寒"这句话，哪怕对于一个小孩子，如果受到别人不礼貌的语言和行为的对待，也会异常难过。要想让自己的孩子懂礼貌，父母就必须将这样的道理渗透在孩子生活的点点滴滴中。在日常生活中，不要让孩子口无遮拦，也不要让他恶语伤人。这样，你的孩子才会人见人爱，得到更多的友谊和尊重。

3. 教育孩子要遵纪守法

有的父母不注重小事情的引导和教育，只会给孩子讲一些大道理，为了让孩子遵纪守法，恨不得把法律条文都搬过来念一念。其实，大可不必如此，我们完全可以通过日常生活中的小事来培养孩子遵纪守法的概念和意识。

比如，当孩子犯错误的时候，父母不要过分庇护；当孩子破坏公物、随地扔垃圾的时候，父母要及时制止，并告诉他不可以那样做；当孩子过马路的时候，父母要时刻提醒孩子"红灯停，绿灯行"的规则……日积月累，你的孩子自然就会成为一个遵纪守法的好孩子。

总而言之，一个孩子是否具备良好的社会公德意识，将直接影响到他未来能否建立起良好的人际关系，能否获得良好的社会地位等。因此，父母们有必要从生活中的点滴小事做起，一点点培养孩子成为一个具有良好社会公德意识的人。

让美德之花在孩子身上绽放

10岁的楠楠放学后撅着嘴对妈妈说:"我们班今天转来了一位新同学,老师让她和我坐同桌。"妈妈看女儿不高兴的样子笑着说:"那多好啊,你又有一位新朋友了。"不料,楠楠说道:"什么啊,她那么寒酸,皮肤又黑又粗糙,我如果和她成好朋友,别的同学肯定会远离我的!"

楠楠的妈妈怎么也没有想到一直很优秀的女儿会说出这样的话,惊讶之余,她感到自己的家教有很大的缺失。于是,妈妈说:"楠楠,妈妈单位里比妈妈漂亮的人可多得是,照你这样说,妈妈岂不是要受人孤立了?"

楠楠调皮地笑一笑说:"哪有啊,妈妈,你想骗我啊!上周吴阿姨不是还约你逛街吗!昨天张阿姨不是还和你煲电话粥吗!"

"妈妈不是想骗你,妈妈想告诉你的是:看一个人不能光看外表,长得漂亮并不能代表一切,人最关键的是要有美丽的心灵。你记住,评价一个人,千万不能看外表!"妈妈说。

见妈妈有几分严肃的神情,楠楠吞吞吐吐地解释起来:"其实,我,哎呀,是因为别的同学觉得她特老土……我下午还借给她钢笔了呢!"看女儿着急的样子,妈妈语重心长地说:"做人一定要有好的品质。你知道自己错在哪里就好。"

晚饭后，楠楠陪妈妈一起出去散步。在楼下，楠楠竟然遇到了自己的新同桌和她的爸爸。原来，新同桌一家是从边疆部队刚回来的。当楠楠知道自己的新同桌就住在自家楼上时，便热情地邀请她去家里一起做习题。

在一次期末考试中，这个貌不惊人的小女孩竟然考了全年级第一名，这真是令全班同学刮目相看。

我们每个人对于美德都不会陌生，一提起美德，我们很容易想到尊重、宽容、诚信等许多美好的词汇。对于孩子而言，其美好品德的形成，对于整个社会的进步都具有极其重要的意义。一个具备美好品德的孩子不仅对自己的同学或玩伴，甚至对年长的朋友、父母、祖父母或其他人的品行都会有影响。

在上述事例中，楠楠妈妈及时有效地帮助女儿摒弃以貌取人的行为，为孩子内心美德之花的成长送来了温暖的阳光。

事实上，孩子对于美丑的判断，往往是取决于他所见到的事物的外表。所以说，父母及时告诉孩子不要以貌取人的道理是很有必要的。如果楠楠的妈妈对女儿说："你的新同桌是这种样子啊，一看就不是城里长大的，不要和她玩耍了。"可以想象，楠楠听了这样的话，恐怕真的会讨厌起同桌，不再和同桌玩，与此同时，她也失去了同桌这个好朋友。

孩子一旦养成以貌取人的坏习惯，那么他将来可能会成为嫌贫爱富的人。显然，这对孩子良好品格的塑造是不利的。

那么，作为父母，在培养孩子的美好品德方面，具体应该注意哪些方面的问题呢？

1. 强调同情心的培养

试图培养一个孩子的道德观念而不去培养他的同情心，就好比试图在一块贫瘠的土地上种花一样，所以父母需要教你的孩子学会为他人着想。对于那些年龄较大一点的孩子，父母可以利用一些目前发生的事件来培养他们的同情心。比如说，让你上小学的孩子看电视上地震或者龙卷风之后的救灾活动，并让他设想如果他失去了家园会怎么样。

2. 给孩子树立良好的榜样

如果你想让你的孩子成长为一个高贵的、有道德感的人，自己首先得以身作则。假如你为了少花乘车的钱而对司机撒谎隐瞒孩子的年纪，或者在你的邻居背后说他的坏话，你又怎么能期望你的孩子会变成一个和你不同的人？但是单单以身作则还不够，你必须清楚地告诉孩子对于这件事正确的做法是什么。比如："我知道钢琴课我们可能要迟到一小会儿，如果我们超一点点速的话可能就能赶上了，但是妈妈不想这么做，因为那样就有可能出车祸并伤害其他的人。"

3. 道德教育也需要艺术

当你的孩子做错事的时候，比如你的女儿用你价格不菲的口红在墙上乱涂乱画；你的儿子"一不留神"把他同学抽屉里的变形金刚玩具带回了家，都会让你感到很失望。

其实大可不必，这时候反而是父母最好的教育机会。关键在于：不要只限于告诉孩子他做错了——你还需要帮助他理解为什么他做错了。比如说，你女儿说她的同学穿的裙子难看而把同学弄哭了，你要告诉她："是因为你这么说她才哭的，我们不应该对别人说刻薄的话，那很不友好。"

应该说，美德是心灵的健康剂，拥有了美德，孩子便不会与人争名夺利，凭空与人起纷争，便不会为一丝小利而烦恼，让孩子成长为有教养的人。而且，美德本身就是报酬，它能给孩子带来最高尚而真实的快乐。

第三章　心态管理：
心态好，修养跟着就好

Chapter 03

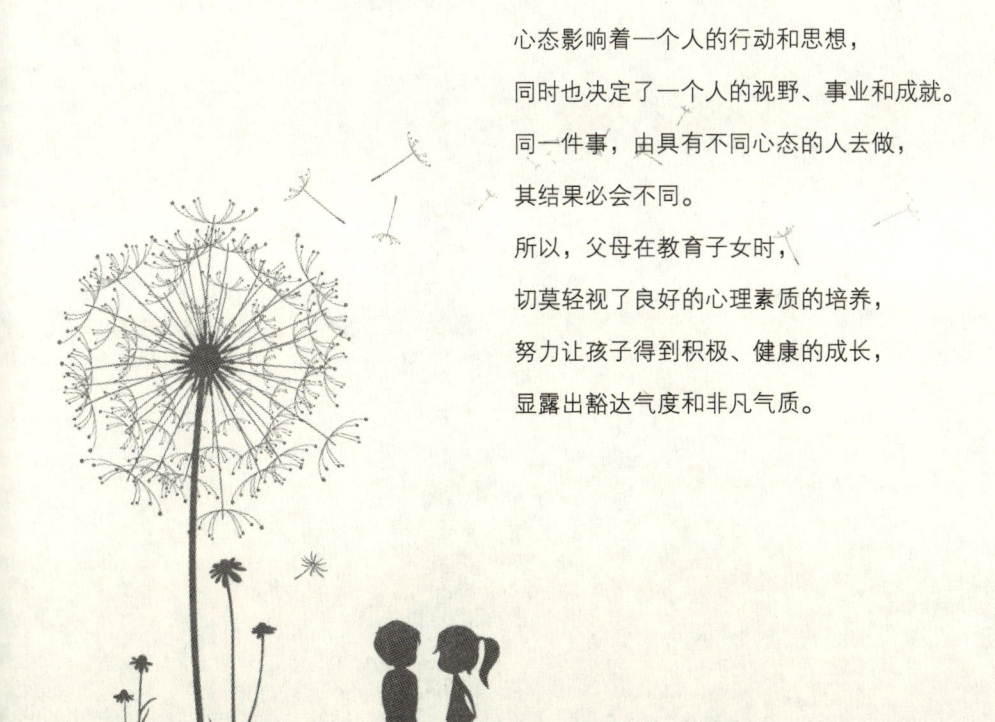

心态影响着一个人的行动和思想，
同时也决定了一个人的视野、事业和成就。
同一件事，由具有不同心态的人去做，
其结果必会不同。
所以，父母在教育子女时，
切莫轻视了良好的心理素质的培养，
努力让孩子得到积极、健康的成长，
显露出豁达气度和非凡气质。

🦋 攀比少一点，快乐多一点

费冰读小学五年级，虽然因为"义务教育"而不用在学习上花什么钱，但生活中他绝对算个高消费一族。

看看费冰的衣服、鞋帽就知道，每一样都是大商场里的牌子货，他房间里的布置也很高档。

那么，他家一定很阔绰吧？

其实不然，他的父母都是民企的小职员，收入勉强在小康水平。可费冰却从不顾及父母的辛苦和家庭的经济状况，总是向父母要这要那，非名牌不穿，非高档不要。

为此，他的爸爸妈妈省吃俭用，把钱都花在了儿子身上。

爸爸妈妈也曾教育过孩子，但没有起到太大作用，常常是你说一句，他说十句顶回来。费冰常说的理由就是，别人都穿名牌，自己不能太差，那样会被人家瞧不起；别人吃的用的都是高档的，自己也不能太寒酸。

每当听儿子这么说，爸爸妈妈虽说无奈，但一想到只有这么一个宝贝疙瘩，自己挣的钱早晚都是他的，索性就满足他的要求吧。

也许你身边也有像费冰这样的孩子，同时也存在像费冰父母这样的爸爸妈妈。费冰显然是爱攀比的典型，而他攀比心形成的原因主要来自父母的教育失当。其他有类似情况的孩子大多也是因为教育不当所致。由于现代的家庭孩子少，父母总怕孩子受委屈，于是对孩子总是有求必应。自己孩子穿的、戴的都不能比别人差，别人的孩子买什么，咱家的孩子也得买，绝不能让人家比下去。因此，这种溺爱，纵容了孩子的攀比心。

此外，父母平时的表现也很重要。比如，有的父母爱和别人拼消费，喜欢张扬，那么孩子自然会效仿。

应该说，如何正确对待孩子的"攀比心理"，是我们家庭教育中的一个重要的话题，这个问题在孩子的成长过程中有的时候也许不会那么太明显，但处理不好这个问题，就很有可能会影响到他们的一生，而且对于这方面的教育也是我们在对孩子进行教育时最容易疏忽的一个问题。

因此，父母应该及时引导，让孩子知道，良好的生活条件要靠自己创造，父母的成就并不是孩子的荣誉。家长应把他们的竞争注意力从家庭条件引向个人能力和学习成绩，从而使攀比演化成校园内的良性竞争。

1. 对待孩子要疼爱有度，不要放纵

如果父母对孩子有求必应，会很容易导致孩子养成过度的自我中心的心理。你对孩子百依百顺，娇生惯养，姑息迁就，孩子就会有恃无恐，消费无度，进而很容易造成攀比惯性。

同时，父母们也要注意，不要存在"我的孩子不能比别的孩子差。别的孩子有的我的孩子也应该有；别的孩子没有的，我的孩子也要有"的想法。如果连父母都有这种虚荣心，那么就很难在实质上帮助孩子，反而会推着孩子朝着错误的方向越走越远。

所以，父母对孩子要疼爱有度，而不要放纵孩子，满足他们越来越膨胀的攀比心理。

2. 引导孩子学会正确地比较

孩子年幼，尚没能形成正确的价值观和审美观，这就需要父母多加引导，让孩子学会正确地比较。比如，告诉孩子不要只看自己和他人分别所得的成绩和好处，而应比较一下彼此对集体做出的贡献；不要和别人比吃比穿，而应多比较一下彼此的学习成绩和进步情况。同时还要提醒孩子，不要与和自己相差太多的同学来比，那样很容易造成自满或者自卑情绪。

3. 利用攀比的正面因素

有的时候，攀比也有着正面的意义，它可以激励孩子不断进步，不断向比自己强的人学习，等等。比如，孩子的学习积极性不够，父母可以采取一定的奖励制度，把孩子喜欢的东西作为奖品，达到目标就给予奖品。但父母也要注意，使用这个方法时不能操之过急，要订立合理的目标。通过这种比较，孩子不但不会滋生不良情绪和行为习惯，反而会激发斗志，让自己取得更多更大的进步。

需要提醒的是，对于孩子攀比心理的改变，父母要耐下心来，认真地分析孩子产生攀比心理的原因，不要因此斥责或者惩罚孩子，而应采取恰当的方法，帮助孩子告别攀比的恶习。

❀ 不让忌妒破坏孩子的心境

育儿论坛里,两位关系不错的妈妈在一起聊天,聊着聊着,她们就聊到孩子的忌妒心理上。对此,两位妈妈都很有同感,都说从自己孩子身上看到了很多忌妒的现象。

我们来看看她们是怎么谈的吧:

苗苗妈妈说:"我家苗苗都9岁了,以前还觉得她挺乖巧懂事的,可现在越来越让我发现她的忌妒心很强。在小区里见到别的邻居的孩子,我只要逗人家一下,她就大声吼叫,严厉制止;如果我夸奖别的小朋友两句,她也受不了。最近,她因为作文比赛只得了二等奖,而她的好朋友得了一等奖,她就又忌妒心泛滥了。"

帆帆妈妈说:"我家帆帆本来和同学佳佳很友好,两个人每天一起上下学,一起做作业,有什么喜欢的东西也乐于分享。但是最近,因为佳佳被评上了三好生,她就和人家疏远了。我让她向佳佳表示祝贺,并要争取向佳佳学习,她可倒好,居然跟我说:那有什么了不起的,不就是个'三好生'嘛,从小到大我得过好多次呢!"

作为孩子的父母,也许你也有和上述两位妈妈同样的感受。事实上,忌妒是一种很正常的情绪体验，几乎每个人都会有。一般来说，忌妒指的是自己的才能、名誉、地位或境遇被别人超越，或者彼此距离缩短时所产生的一种由羞愧、愤怒、怨恨等组成的情绪体验。忌妒心萌生的范围大多在地位相似、年龄相仿、经历相近的人们之间。

有儿童心理专家做过实验，一个一岁多点的孩子，让他的妈妈在他面前抱别的小朋友，他就会流露出着急、"抢夺"妈妈的情绪反应，一定要妈妈放下别的孩子，来抱自己，然后自己紧紧地搂着妈妈，好像在告诉别人："她是我的妈妈，不是你的！"

随着孩子年龄的增长，忌妒的范围也会逐步扩大。比如，当妈妈夸赞孩子的小伙伴，他就会忌妒，并想方设法"超过"别人，然后问妈妈"我是不是比他（刚刚妈妈夸奖的孩子）强"，期待从妈妈那里得到证实。

还有的孩子会产生物质层面的忌妒，比如自己的好朋友有一个很酷的童车，而自己的车子却很普通，他的心里就会不舒服。

可以说，忌妒是孩子们普遍具有的一种心理，只是忌妒在每个孩子身上所反映的程度有所不同。

当然，父母们也知道，如果忌妒心理日趋严重，将会让孩子思想变得狭隘，不爱帮助别人等，这对孩子良好品行的形成将大有害处。所以，父母们需要在认识忌妒这一普遍性心理的同时，更要提防孩子忌妒过头，正确的做法是，引导孩子认识忌妒的不利影响，并想办法让忌妒发挥正面作用。下面，我们就来介绍一些方法，父母们不妨参考一下：

1. 帮孩子认识忌妒的负面影响

虽说忌妒心理是普遍的，但任其发展将会不利于孩子身心的健康成长。所以，当发现孩子忌妒心过强的时候，父母应该引导孩子认识忌妒这种负面情绪的危害。

具体来说,父母们可以通过平时的交流告诉孩子,或者通过写纸条的方式让孩子知道。我们可以这样写:

当我们忌妒一个人的时候,因为难以把这种感受说出来,只能让自己心里暗暗憎恨。这样下去,是不是感觉越来越痛苦呢?

别人的进步是别人努力的结果,人家不会因为你的忌妒而失去进取心,反而会变得更加优秀,要知道,你是无法阻止别人进步的,你能做的,只是欣赏人家的进步,并向人家学习。

谁都不喜欢忌妒心太强的人,当你忌妒一个人,那么他就自然会远离你。如果你经常忌妒别人,那么就会有很多人远离你。这样你就不能在和别人的共同学习和交流中得到帮助,取得进步。

2. 让孩子知道大人也会妒忌

当时机合适的时候,父母也要让孩子知道,不光是他们会忌妒,爸爸妈妈也不例外。比如,妈妈可以告诉孩子,当他和爸爸在一起亲亲热热的时候,妈妈也会妒忌,但是妈妈不会因此而乱发脾气或者感到难过。另外,父母还可以列举自己小时候的故事,让孩子知道自己也有过同样的心情。

比如,当妹妹抱怨自己不能和姐姐一样参加钢琴课外班的时候,父母就告诉妹妹自己小时候也有过同样的经历。父母可以说:"宝宝,你知道吗,我上小学的时候,爷爷奶奶从来不准我在街上玩,但邻居家的哥哥姐姐却可以在外面一直跳皮筋到天黑!你说多不公平!"

这样的故事会让孩子明白,原来爸妈也会忌妒。这时候父母便可告诉孩子,任何一个人都不可能得到和别人完全相同的待遇,因此只能学会接受。

3. 寻找一种办法，缓解孩子的忌妒心理

有时候，孩子之所以忌妒，是因为他不能得到和周围同龄孩子一样的待遇。这时候，父母应该寻找办法，为孩子做出补偿，以缓解他的忌妒心理。硕硕的爸爸做得不错，我们一起来看一下：

硕硕的班级组织广播操大赛，别的同学的父母都来了，可硕硕爸妈因为工作太忙而无法参加。对此，硕硕非常不满，他回家后对爸爸妈妈说："别人的父母都来了！"

爸爸妈妈向儿子道歉，并答应孩子要在家里给他办一场专场晚会。这样，硕硕就明白了父母还是很关注自己、很爱自己的。于是，心里对别的同学的忌妒情绪也就随之化解了。

事实上，孩子之所以忌妒别人，其根源在于他对自己缺乏信心，认为自己比别人差。因此，要医治孩子的这一心理，父母就要给孩子足够的爱，当孩子取得进步时，父母要及时予以肯定，让孩子有成就感和幸福感。这样，孩子就不容易被别人的好运所打动，反而用更多的时间来充实自己，发挥自己的优势；同时，孩子还会因为父母的爱和鼓励而变得宽容、变得大度。

🦋 带着"自信"向前冲

元旦前夕,果果的爸爸要带他去参加一家幼儿培训机构组织的少儿元旦联欢活动。活动主办方表示,希望前来的小朋友都能够踊跃报名,而且他们也会给每个孩子上台的机会。

爸爸知道儿子一向不太敢于表现自己,所以希望能够通过这样的方式逐渐培养起果果的自信心和表现欲。

可是,爸爸再三说服和鼓励,也没能让果果鼓起上台表演的勇气,当看到别的孩子积极而热闹的表演,果果爸爸羡慕极了。

他多么希望自己的儿子也和那些活跃的孩子一样,不管水平如何,都敢于上台表现。

他曾多次问过儿子,到底为什么不敢上台?果果的回答是,担心自己表演得不好,怕别人取笑。

其实,不仅这一次,果果平时在学校也是个缺乏自信的孩子。班主任张老师来做过几次家访,每次谈到果果在学校的表现,老师都会特别强调:胆小,不积极回答问题,不爱参加集体活动等。

面对这样的儿子,果果的父母很焦虑,他们一时也找不到什么好的办法来引导孩子。

像果果这样的孩子,在我们的生活中经常可以见到。他们不管做什么,总会觉得自己这也不行，那也不好，怕自己做得很糟糕，被别人笑话。这种现象显然是因为缺乏自信导致的结果。

缺乏自信的孩子，一般来说，他们会有下列一些表现：

一是不敢面对新事物。一般来说，孩子由于好奇心强，是很乐于接触新事物的，可是缺乏自信心的孩子却总会在新事物面前，认为自己缺乏能力，如果面对肯定失败，于是不愿意去面对。比如，他们害怕搬家到一个新的地方，害怕转到别的学校或者班级里，等等。

二是特别依赖家人，独立能力较差。正常情况下，孩子随着年龄的增长会越来越能够脱离家人的呵护，但是缺乏自信的孩子往往对家人过分依赖，不管是在家里还是外面，都不敢独自面对问题，缺乏独立生活的能力。

三是在陌生人面前不敢抬头，不敢说话。自信心足的孩子，不管在谁面前都能够大大方方地表现，但缺乏自信心的孩子则往往不敢接触陌生人，一旦在陌生场合，他们就把头低下，闭口不言，父母和别人谈到自己的时候，也总是低下头或者躲开，害怕别人关注自己。

四是对于自己的行为会非常挑剔，一些无关紧要的事，他也总是很在乎自己的行为结果，并常常对自己的行为结果感到不满。比如，他搭积木，只是比图纸上差了一个地方，而实际上又不会影响整体效果，但他还是很懊恼，觉得自己完成得很糟糕。

如果你的孩子具有上述一种或者多种表现，那么可以断定，他是一个极其缺乏自信心的孩子。孩子一旦缺乏自信，就会大大降低他成才成功的机会。因为不自信，孩子不敢表现自己；因为不自信，孩子心态消极；因为不自信，孩子缺少伙伴……

作为家长，多么希望自己的孩子都能够大胆地抬头，大方地说话，对自己抱有信心呀！一个自信的孩子能够昂首挺胸，那么在他的头脑里就会产生这样的潜台词——"我能做到"、"我会做得很好"、"这点问题对我来讲不算什么"……假如你的孩子具备了这样的心态，那么他就肯定能形成健全的人格，能够不断地努力和进步。

自信的好处固然很多，但它是不能凭空得来的，孩子的自信很大程度上来自于父母的鼓励和肯定。如果一个孩子从小就能够受到家长的鼓励和表扬，那么他的自信心必然会强于那些总受到批评的孩子。

所以说，要想让你的孩子充满自信，那么做父母的得先给孩子肯定，即便孩子遭遇了失败和挫折，父母也要从保护他们的自信和热情出发，多给他们肯定，从而激发孩子积极向上的精神。

1. 尊重孩子，有利于他建立自信心

有些父母对孩子过于苛责，发现孩子哪里做得不好，或者犯了什么错，就会对孩子横加指责，甚至挖苦奚落孩子。这样的做法很容易在孩子心里形成"我很笨"、"我不行"的想法，长此以往，还有什么自信心可言？

而父母只有做到尊重孩子，才会让孩子感受到父母真诚的爱，也会感觉自己说的话有分量，从而建立信心。

另外，父母不能刻意去改变孩子的爱好和兴趣，父母只能去发现、去引导他们，这样才有助于提高和增强他们的自信心。

2. 给孩子充分的信任，他才会相信自己

如果父母敢于撒手让孩子独立做一些事，那么孩子就会认为"父母认为我可以"，在这种积极暗示下，他就会真的认为自己是可以的。只有得到来自父母的信任，孩子心里才会有种踏实感和安全感。

3. 收起父母的高标准

有些家长常常给孩子设立无法达到的标准。例如，希望孩子保持房间非常整洁,希望他们必须把作业做到十全十美。在与孩子的交谈中,总是认为孩子还没有尽最大的努力,觉得他们本来可以做得更好。这样孩子自然无法达到标准,家长也就失去了鼓励孩子的意愿。

4. 不要让孩子行走在他人的影子里

你的孩子其实并没有比任何人差,而你却总是拿别的孩子来刺激他,那么他就会产生对自己的怀疑:"我是不是真的不如别人?妈妈总是这么说。"久而久之,这种暗示就像慢性毒药会渐渐腐蚀孩子原本的自信,最后甚至连自己本身引以为豪的优势都会忍不住质疑,这种"串联式"的影响对孩子来说无异于双重否定。

5. 父母要认识到孩子间是存在差异的

有些父母看不到孩子之间的差异,总是免不了拿别人孩子的长处和自己孩子的短处做比较。这样一来,不但会让孩子失去自信,连父母都会觉得自己的孩子"真的不行"。

正确的做法是,父母承认并接受孩子之间的差异,然后帮助自己的孩子取长补短。而且,当父母看到自己的孩子和别的孩子有差异时先不要着急,这种差异未必就是差距。孩子跟别人的差异性往往是其个性形成的开始,其实,这种差异更需要父母来加以保护。例如,自己的孩子脑子迟钝一些,教育孩子笨鸟先飞,多卖些力。

毋庸置疑,每个父母都希望孩子充满自信,而自信心也正是孩子生命中的一把火炬,高举着它就能让孩子将自己人生的每一处照亮。既然如此,那么父母们就要避免一些错误的教子方式,而是多一些耐心,多一些智慧,让孩子始终高昂自己的头,带着自信"向前冲"!

好心情自己造出来

有两个美国男孩,他们是同胞兄弟。但兄弟俩的性格迥异,一个十分乐观,一个却非常悲观。

他们的父母为了两个孩子的性格能够相互"渗透"一下,于是想出一个办法:将乐观的孩子锁进堆满马粪的屋子,将悲观的孩子锁进漂亮的放满玩具的屋子。

一个小时之后,当父母走进悲观孩子的屋子时,发现他正坐在角落里,一把鼻涕一把泪地沮丧着。原来,他不小心弄坏了玩具,担心父母的责备,因此便不再玩耍,在哭泣中等待父母的到来。当父母走入锁着乐观孩子的屋子时,却发现孩子正兴奋地用小铲子挖着马粪,将散乱的马粪铲得干干净净,看到父母来了,他高兴地说:"爸爸,这里有这么多马粪,附近一定有一匹漂亮的小马,所以我要为他清理出一块干净的地方来!"

一项研究结果表明,勤奋并非成功的秘诀,乐观才是成功之道。心理学家们说,保持乐观的人更乐于尝试新事物和挑战自我,更容易获得事业成功、建立良好的人际关系并且保持健康的体魄。快乐使人自信,让人变得可爱和更快乐,从而不断走向成功。

关于事业的成功我们姑且不谈,让自己的孩子拥有快乐幸福的一生,想必是每个父母最真切、最美好的愿望。其实，想实现这一点并不是很难，只要家长注重培养就完全可以实现。

很多成年人都知道，快乐和幸福很多时候只是一种感觉、一种情绪。我们可以将之理解为，只要孩子具备了这种让自己时刻保持快乐的情绪，那么他就是幸福的人，父母在这方面的培养也就是成功的。

孩子一旦具备了让自己保持快乐的能力，那么他的智力和品德也都会相应地得到更加健康的发展。所以说，让孩子具备乐观的心态，时常处于快乐情绪之中，让孩子从快乐中学到知识、感受幸福是很必要的。

无论是父母还是孩子，要想具备乐观的心态，首先就要让自己学会制造快乐，而制造快乐的最现成的条件就是让自己的生活丰富多彩起来，不然枯燥的生活会让人失去生活的热情。可以想象，一个人只拥有丰富的知识，不重视身体的锻炼，他必定是个弱不禁风的书呆子；但是一个人如果只有强健的体魄，没有任何知识和品德，那他也只是个"四肢发达"的人。

所以我们提倡，一个孩子必须要有强健的身体，学习大量的知识和塑造高尚的品德的同时，还必须有其他方面的发展，培养不同的爱好。从这些爱好中，孩子能够体会到其他渠道无法带来的欢乐，并能够将这种情绪注入他对事物的感受和对生活的理解，从而学会珍惜生活，保持乐观的情绪和心态。

所以，在孩子还小的时候，父母就应该努力挖掘孩子的各种潜力，使之发挥到最好。文学、艺术、音乐等都是每个人应该具备的修养，因此父母可以从这些具体的艺术形式入手，培养孩子的情趣。这样一来，我们的孩子就会一生都生活在充满情趣的幸福当中，真正成为一个拥有乐观心态的人。

1. 不给孩子任何限制，让他尽情享受无"限"快乐

很多父母都喜欢居室整洁，喜欢安静。当活泼好动的孩子把屋里弄得乱糟糟或者喊叫时,他们便会想办法制止。这样一来,孩子只好越来越乖了。这种情况表面上看似乎是父母管教有方,但实际上能带来什么呢?无非是孩子的热情和活力在一点点丧失,孩子的心灵也感受到了压抑。可是,父母要知道,孩子毕竟是孩子,玩耍是他们的天性,他们需要去鼓捣家里那些他们有兴趣去探索的物品,他们需要去捕蜻蜓、堆雪人、看蚂蚁搬家,等等,这些按照孩子自己的步伐去探索世界的活动,往往能给他们带来其他活动无法带来的快乐。

2. 不要板着脸,做爱笑的父母

受传统观念的影响,一说到教育孩子,我们脑海里就会闪现"板着脸"的严肃神情。很多父母以为这样才有尊严,其实不是那么回事。要想培养性格开朗的孩子,父母自己也要"笑出声来",这并不会失去作为父母的尊严。要知道让你的家中充满笑声,是最好的爱的表达。

3. 对孩子进行希望教育

乐观的孩子,往往会对未来充满希望和憧憬,而悲观的孩子则会觉得所有事情没有任何希望,因此,从小对孩子进行希望教育,不但可以帮助他们驱散心中的阴影,而且会为他们点亮希望的灯塔,让他们找到乐观的方向。

从前,有个非常快乐的女孩,她拖着比自己身体还高的大提琴,快乐地边走边唱。有位长者问她:"孩子,你为什么这么高兴,是不是刚拉完大提琴,准备回家玩?""不,我正要去拉。"女孩快乐地回答道。这个7岁的女孩懂得一个很多大人都不懂的道理:音乐是一种愉快的享受,而不是不得不去完成的任务。后来,这名乐观的女孩成为了很有名的大提琴家,在很多国家巡回演出,并获得了很高的赞誉。

在日常生活当中，父母一定要引导孩子看到自己的进步和成绩，鼓励他去想象自己美好的未来，并对自己的未来充满希望，只有如此，他才会拥有乐观的心态，并在成功的道路上轻松快乐地前进。

需要提醒的是，在教育孩子的过程中，父母自己必须要有乐观的态度，在工作和生活中，无论遇到怎样的困难，在孩子面前必须坚强坚定，因为你处理困境的态度，会直接影响他的做法。假如父母能够以身作则，在面对困境和挫折时保持自信、乐观，积极向上，那么孩子在遇到困难时，自然会受父母的影响，从而乐观面对。

❀ 批评不一定是坏事

亮亮是个有着诸多优点的男孩，比如活泼开朗，乐于助人，头脑聪明等，但他也有一个让爸爸妈妈头疼的缺点：做事有始无终。亮亮的爸爸妈妈发现，什么事情一开始做的时候，儿子都信心十足的样子，但一遇到点困难就开始扛不住，打退堂鼓，这让父母很是无奈。

为此，亮亮的爸妈开始反思自己对孩子进行的教育，终于找到了症结所在。原来，他们受现代教育观念的影响，一直信奉对孩子赞美教育，赏识教育。

这样的结果，孩子的确是自信满满了，然而这不过是表面文章，当真正遇到问题的时候，亮亮就会摆出一副"我做不了"的态度而偃旗息鼓了。

举个例子，亮亮一直"重理轻文"，理科科目成绩遥遥领先，而文科成绩却常处于"垫底"的位置。最近一次测验，亮亮的历史成绩又亮起了"红灯"。

可是，当妈妈看到亮亮的试卷时，并没有批评儿子，而是鼓励道："亮亮，你这次考试进步很多了，你看看，后面的题目以前你一道都做不对，现在居然都能得10分了呢！只要你再接再厉，下次就能考好的，妈妈相信你是最棒的！"

类似这样的话，在亮亮那里早已有了"免疫力"，他早就对此习以为常了，于是垂头丧气地说道："我就不是学文科的料！"

这时候，爸爸回家来了，拿过亮亮的试卷看了一会儿，然后严肃地说："亮亮，你看你错在什么地方，本来是唐朝的事你却写成了宋朝，你是真不知道呢，还是因为马虎导致？还有这里，明明让写百字以内的概括性内容，你却来了个长篇大论。我看，你不是不会，而是从根本上排斥历史，做题的时候马虎大意。这样怎么能不丢分呢？"

让亮亮没想到，这次爸爸没像妈妈那样鼓励自己，而是严厉地训导起来，一时承受不了，亮亮开始抹起眼泪来。

从那之后，爸爸经常用这种批评的方式教育亮亮。没想到，几个月的时间过去，亮亮非但没被"击倒"，反而包括历史科目在内的文科成绩都提高了一大截。

其实，出现这一变化的原因还是亮亮端正了自己的学习态度，不再像从前那样不求甚解、马虎大意，成绩自然就上去了。

的确，现代教育观念无不提倡赏识教育对孩子成长的重要性。不可否认，赏识是培养孩子自信心最有力的教育方法。但是，孩子毕竟只是孩子，一味地赏识也容易令孩子的自我定位出现偏差。这样，稍遇困难挫折，孩子就会不知所措，灰心丧气。可见，要培养出自信的孩子，恰到好处的批评纠正也是不可或缺的。

恰到好处的批评能使孩子客观地认识到自己的不足，从而有意识地改正自己的错误、弥补自己的缺陷。长期下去，孩子就能取得让自己满意的进步，从而树立踏实而科学的自信心。

另外，需要提醒一点，如果孩子从小就接受不了批评，那么长大后会更加难以接受别人的批评。法国心理学家高顿教授通过一项专题研究证实，那些难以接受批评的孩子长大后，也大多会对批评持"避而远之"或干脆"拒之门外"的态度。由此看来，从小对孩子进行适当的批评教育，无论对他完整人格的塑造，还是对促成其事业的成功，都是重要且必要的事。

1. 从小就让孩子学会接受批评

在教育孩子的过程中，父母首先要认识到，赏识要比批评更有效果，但仅仅只有表扬显然不利于孩子的成长，因此在有意识地肯定他好的一面的同时，也要对孩子不良的方面提出批评，让孩子学着接受批评。

当然，在批评孩子的时候，要注意语气一定要温和，对孩子缺点的指出一定要中肯，并且以更多的表扬为前提，比如孩子学说"谢谢"很清楚，但学说"回家"还不清楚时，妈妈可以说："你说的话不够清楚，再说一遍，好吗？"或"你昨天学走路一点不怕累，怎么今天就怕累了？"

如果父母有意识地早早"引进"批评，可以帮孩子下意识体会到批评和表扬同样常见。事实上，在幼儿时期就能适应批评的孩子，长大后往往也较能适应社会，其中也包括拥有正确对待来自他人的批评乃至非议的平和心态，以及较强的承受挫折的能力。

2. 不要因为批评而伤害孩子的自尊心

当孩子做了错事时，往往处于悔恨之中，不知所措。此时，父母批评孩子时，应先对其做得好的方面给予肯定，然后再指出做得不对的地方，要让孩子知道家长不是光把眼睛盯住他的错处。批评孩子错处时，只谈眼前做的错事，不翻旧账，以前的事已经批评过了就应该"结案"了，不能老是记着孩子以前不好的地方，让孩子觉得在父母面前永远无法翻身。这样很容易损伤孩子幼稚的自尊心，孩子从内心里就会不接受这种批评。

3. 教孩子冷静虚心地接受批评

父母应教育孩子对批评的合理成分虚心接受，甚至列出改进的办法或措施。要教孩子学会掌握一些"冷处理"的技巧。比如，不要对批评者反唇相讥，不要"自卫还击"，不要夸张，等等；相反，应在认真倾听的基础上，冷静地分析出尽可能多的合理成分。

4. 允许孩子在接受批评时作出解释

如果批评不符合事实，也应允许孩子作出自己的解释。告诉孩子，给他解释权，目的绝不是推卸他所负的责任，而是要他实事求是地面对。如果你强硬地要求孩子改正错误，孩子心里不服，他就会虚假地答应你，表面上接受了你的批评，但心里感到受了很大的委屈，这对他接受你的批评没有任何作用。

5. 让孩子学会总结经验教训

总结经验教训事实上就是对自我行为的一种反省。例如，一个孩子用打架来解决与同学之间的矛盾，如果他在打架上吃了亏，他会想："上次我感到生气的时候是用打架来表达我的愤怒的，结果我被别人打了。那么下次发生这样的情况时，我该怎么办呢？我不用打架可以吗？是不是有更好的解决方法呢？"

当孩子直接感受到行动与结果之间有某种关系后，他们往往会先想一想再采取行动。他们可能会对自己的行为有一个预先的评价，看是否会出现他们预料的结果。如果结果正如他所想的，那么他会继续这么做；如果结果与他所想的不一样，孩子就会总结经验教训，调整自己的想法，这也是一个人做事的一种反应机制。

如果孩子学会了经常总结经验和教训，他就已经学会自觉地进行反省，这对他的人生会有很大的帮助。

总之，如何让孩子对自己做出正确的、客观的评价，批评的作用是不可忽视的。父母恰如其分的批评，往往能让孩子更全面地认识自己，从而保持长处，弥补不足。这对于孩子建立起踏实而科学的自信无疑非常重要。所以，偶尔对听惯了赞美之词的孩子"泼一点儿凉水"未尝不是一件好事。

❀赢得起，也要"输得起"

雯雯今年5岁，由于受棋迷爷爷和爸爸的影响，从3岁多她就喜欢下象棋了。可是因为雯雯年龄尚小，棋艺还远远不如爸爸。有时候，爸爸会故意"放水"，让雯雯高兴，但更多的时候，爸爸还是"亲兄弟明算账"，不迁就雯雯。每当这时，雯雯就好像受了天大的委屈一般，大哭不止。

对此，爸爸这样跟雯雯说："你现在才5岁，还是一个小孩子，能和大人下象棋，并且能下到这个程度，已经算是很厉害了。每当和你下棋时，看到你专心致志的样子，我都感到骄傲呢！如果仅仅为了你高兴，而假装输给你，那又有什么意义呢？"

雯雯认认真真地听着爸爸的话，不再哭闹。

爸爸接着说道："现在你自己来选择，是要爸爸假装输给你，还是你一直和我挑战，想办法将来赢过我呢？"

经过爸爸的一番鼓励和引导，雯雯毫不犹豫地选择了后者，而雯雯的爸爸也为此欣慰不已。

在陪伴孩子成长的过程中，父母大多会有这样的感受，自己和孩子玩游戏，只要赢了他，他就会很不开心，甚至哭闹着一定要自己"赢"才行。

心理学上把这种现象称为"输不起"。从儿童心理学的角度来说，孩子"输不起"是一种正常现象。不管什么事，孩子总是希望自己能做得比别人强，希望获得周围人的认可和赞赏。可是，因为孩子年龄小，很多方面还尚未成熟，他还无法清楚地了解自己的强项和弱项，在人前或是在集体活动中，一旦不如别人，落于人后时，他就会表现出不满，不高兴。

这种时候，如果父母为了照顾孩子的情绪而进行哄骗或迁就，那么就会让孩子形成对事物的错误判断。他们会认为"我就是厉害，比你们都厉害"！与其如此，父母不如换一种让孩子可以接受的方式，让孩子认识到输赢是正常的，并且鼓励孩子，给他赶超的信心。

不得不说，上述事例中雯雯爸爸在教育孩子"输得起"的心态方面的做法，是很值得家长们学习和借鉴的。在我们现实生活中，有不少父母认为让年幼的孩子经历挫折太早，当孩子遭遇挫败时，表现得心疼不已，他们要么为孩子的挫败寻找理由，要么尽力帮孩子弥补或过分地哄骗，并小心呵护避免孩子再次遭受失败。殊不知，这样做的后果不但无法让孩子真正了解到成功的意义与失败的价值，而且也不能帮助孩子学习面对失败及成功，而这些却是人生中非常重要的功课。

明智的父母应该这样，给孩子面对失败的勇气，让他跌倒了能够再爬起来。

1. 父母要从自身做起，端正态度

很多父母往往进入一个误区，喜欢在别人面前让自己的孩子展示"才艺"，并以此作为自己的"门面"。如果孩子表现得好，就夸孩子聪明、能干；如果表现得不好，就指责和埋怨孩子笨。毋庸置疑，这种教育方式是非常不可取的，因为这样做很容易让孩子走向两个极端，要么争强好胜，一定要赢，要么失败了就爬不起来。

所以说，身为孩子的启蒙老师，在孩子个性形成的过程中，父母起着至关重要的作用。若想让孩子"输得起"，父母就必须先平衡自己的心态，正确看待孩子的输赢得失。当孩子在学习或者游戏中遭遇失败，情感受挫时，父母应该教育他克服沮丧和悲观的思想，然后帮助孩子分析失败的原因，使孩子以积极的心态来面对暂时的挫败。

2. 引导孩子树立"失败不可怕"的意识

失败在所难免，失败也未必都是坏事，其中的关键还是要看面对失败时的态度。同样是失败，既可以产生消极的情绪，也可以磨砺人的意志，使其奋发向上。

孩子在失败时产生消极情绪也是正常的。但这时父母要及时引导孩子，

告诉他"失败并不可怕","你要勇敢","你一定会做得更好的"。利用孩子的失败,父母完全可以以此作为教育的契机,引导孩子重新鼓起勇气,大胆自信地再次尝试。

3. 让孩子多参加一些集体活动,以此来提高耐挫力

孩子在和小朋友一起游戏的过程中,往往会经历一些挫折和失败。其实这并不是坏事,这些失败的痛苦经历让孩子更好地认识自己,看到自己的缺点和别人的长处,有助于发展他的内省能力。孩子一方面要学会如何去欣赏别人,和同伴友好相处,共同合作;另一方面,通过与同伴们的交流和相互学习,可以帮助孩子克服困难、解决问题。

每个孩子都是稚嫩的树苗,不经历风雨的洗礼是难以长成参天大树的。从这个角度来说,挫折就是孩子学习和成长的最好课堂。不遭遇挫折,孩子就无法认识到现实的世界和真正的生活;不经历挫折,孩子就无法学会镇定、坚强地面对困难;不战胜挫折,孩子就无法认识到自己的主观能动性,无法给自己下一个肯定性的评价,也就无法养成坚韧不拔的意志,一步步走向独立。

所以,家长们需要的就是"狠下心"来,培养孩子直面挫折、对抗挫折的意识,帮助孩子建立起不怕任何困难的自信和勇气,这才是真正地爱孩子、教育孩子。

🦋 不做温室里的花朵

微微的妈妈说过这样一件事：

在微微 14 岁那年，她要去北京参加一场钢琴比赛。然而不幸的是，在临行前一天，微微的左手肘脱臼了，处理好之后，她便吊着胳膊随团去了北京。在北京的这段时间里，微微不仅克服了生活上的种种不便，还坚持练琴。临上台时，她往伤处喷上止痛药，跟另一位钢琴演员一起上台。在微微演奏的时候，那位和她一同上来的演员跪在她身边，帮她脱着左臂，就这样，两个人相互配合着完成了一场完美的钢琴独奏。当微微大汗淋漓地弹奏完最后一个音符时，台下观众报以激动的掌声和呐喊声。

对孩子进行挫折教育，目的在于让孩子在体验中学会面对困难并战胜挫折，培养他们耐挫折的能力。这种挫折教育不仅包括吃苦教育、生存教育、社会教育、心理教育，也包括独立、勇气、意志及心理承受力等方面的培养。也就是说，挫折教育的内容是多方面的，它的目的不只是让孩子吃点苦、受点挫折，而是潜移默化地从各方面着手，培养孩子的抗挫能力和耐挫能力。

俗话说："人生不如意十有八九。"这句话的确有着普遍的意义。一个小孩子如果从小没能品尝什么挫折，长大后其心灵必然是脆弱的，难以抵御人生风雨的。所以，在孩子还小的时候，倘若遇到一些挫折，父母大可不必惊慌失措，或者因此否定孩子的能力，正确的做法应该是，引导孩子把挫折看成促进自己成长的机遇。通过战胜挫折，让自己懂得更多生活和学习的经验及教训，在未来的日子里能让自己更好地驾驭各种各样的问题。

不少父母觉得，孩子还太小，心理承受能力差，不应该让孩子遭受太多的挫折和痛苦。要知道，父母的这种观念会直接影响到孩子，使孩子成长为温室的花朵，而明智的父母则应该树立挫折教育意识。

爸爸和女儿做了一个交换：女儿捏冰块15分钟，爸爸送给她一本好书。

爸爸从冰箱的冷冻柜里取出一块大大的冰块，递给女儿，让女儿一直握着它。女儿刚握了两分钟，就感到骨头钻心地疼。但不肯服输的女儿为了赢得这场比赛，她用另一只手拿起旁边的药瓶，认真看上面的详细说明，借用这种办法来转移注意力。

坚持了5分钟后，女孩感觉手部的骨头都要冻裂了。但是离15分钟还有很长时间，于是她继续坚持着。

又过了两分钟，她的手已经被冻得麻木了。坚持到15分钟时，女儿发现自己的手已经变成了紫红色，感觉火辣辣的。这时候她把所剩不多的冰块放下，再摸其他的东西，感觉都很烫。心疼女儿的爸爸赶紧帮她用水冲手。

作为对女儿战胜冰块的奖励，爸爸送给她一本好书。女儿为此欢呼雀跃，丝毫没有顾及手的疼痛。

正是由于这种训练，让这个女孩练就了坚强的品格，并感受到了勇敢带来的乐趣，最终在学业上取得了优异的成绩，考取了哈佛大学。她就是刘亦婷。

或许，你会感到刘亦婷父亲的残酷，为了让孩子拥有坚强的意志，居然给她这么残酷的训练。当然，这种做法并不是所有父母都能够接受，但我们要感受的，是孩子从中被训练出来的顽强意志力。

生活中，父母可以适当地和孩子谈论自己事业及家庭生活遇到的挫折和不如意，让孩子逐渐地对挫折有一个全面的认识，为孩子正确对待各种挫折树立榜样。这样一来，父母对生活的热爱、执着、不怕困难的态度和坚强的意志，将会成为孩子面对挫折时最强有力的精神支柱。

1. 培养孩子的意志力

意志力是指人们为实现自己的目的，而在付诸行动后克服困难时所表现出来的心理过程。

著名作家狄更斯说过："顽强的意志力可以征服世界上任何一个高峰。"的确，顽强的意志，使人既能自觉地按照一定的正确的目的去行动，又能自觉地制止不符合要求的行动。培养成功的优秀的孩子，培养孩子的抗挫能力，少不了对坚强意志力的培养。

司马迁从 10 岁开始，就在父亲的严格教育下学习古文了。虽然古代经典文献十分难学，但司马迁在父亲的督促下，终于克服种种困难，专注笃学。

父亲的做法是有其重要目的的，因为他希望儿子能够在史学上有所成就，继承重编历史的祖业。

为了完成这一宏愿，父亲冒着"父母在，不远游"之天之大不韪，冲破所谓"远游"属于"不孝"的禁忌，让儿子到各地去考察、搜集沿途的地理历史、风土人情和遗闻旧事。

正是父亲的这种教育方式，使司马迁形成了坚强的意志。他在父亲死后撰写史实的过程中，即使因为得罪皇帝蒙受酷刑，身处逆境，依然忍辱负重，用坚强的意志克服了常人难以承受的困难和打击，以超人的毅力，花费16年左右的时间，完成了我国第一部通史巨著——《史记》。

看得出，司马迁取得如此卓越的伟业，除了他个人辛勤的努力之外，一个更重要的原因就是父亲培养了他坚强的意志。

2. 适当让孩子吃苦

通常看来，在物质方面比较优越的孩子，意志力往往较为薄弱。所以，在他们的成长过程中，父母不妨适当地让孩子吃些苦头，如上学不开车接送，而是让他自己去挤公交车，在炎炎烈日下不要想方设法找地方休息，而是让孩子继续赶路，或者参加武术、跆拳道等体育锻炼等，以培养孩子的意志和毅力，这对孩子将来适应竞争激烈的社会将大有裨益。

3. 经常进行"诱导式"表扬

孩子遇到困难或挫折时，意志消沉往往是难免的，家长要注意引导。试想，如果发现孩子不能坚持做完做好一件事，父母就唠唠叨叨，甚至讽刺挖苦，孩子的心里会怎么想？所以，家长应该在孩子做事情的时候，细心地观察孩子，当看到孩子遇到困难而自己又难以克服时，要提供必要的帮助；当发现孩子有进步时，也要不失时机地表扬。这样孩子就会产生愉悦感和自信心，从而对成功完成当前的任务更有决心。

看看我们现在的孩子，虽然身处一个处处充满竞争的社会，但他们由于生活过于安逸，就像温室里的花朵一样，难以经受风吹雨打。不难想象，这样的孩子怎么能够适应"优胜劣汰"的残酷竞争？因此，聪明的家长应该多让孩子经受一些磨炼，以培养他们坚韧不拔的意志力，这样他们才能在未来的竞争中取胜。

✿ 爱上不完美的自己

嶙嶙是个"完美主义者",平时自己做错了什么事,或者做得不够好,他就会自责,像受到巨大的打击一样无精打采的。

他的爸爸妈妈早就注意到了这一点,因此很多时候他们都尽力让孩子接受那些"不完美",可是收效甚微。无奈之下,嶙嶙的妈妈只好把儿子的这一性格归结于"星座",因为嶙嶙是9月初的生日,为"处女座",而这个星座有着比较普遍的完美主义倾向。

找到了"病根儿",嶙嶙的爸爸妈妈也就顺其自然,任由孩子"完美"下去了。

但是,在一家育儿机构举办的活动中,嶙嶙的父母终于了解到,这样的性格虽然有一定先天因素,但只要父母善于引导和教育,是可以有很大改观的。

听了专家的建议,嶙嶙的爸爸妈妈开始反思,原来根本问题还是他们平时表现出来的做法影响了儿子。比方说,不管多忙多累,妈妈也要每天坚持把地板擦一遍,而且要特别干净;而做文字工作的爸爸更是不允许书房里有一丝一毫的不整洁。同时,他们在对嶙嶙的要求上也是十分苛刻,比如脱下的衣服和袜子一定要叠整齐,作业本和课本上不能有一个折角,等等。

正是受他们的影响,嶙嶙才逐渐养成了这样追求完美的性格,而绝非是"星座"作怪。从那之后,嶙嶙的爸爸妈妈开始有意识地训练儿子的"不完美",他们先从自己做起,不再对儿子要求过于严格,而是放开手让孩子在安全范围内随便折腾。

经过半年多的训练,嶙嶙追求完美的性格大有改观,父母看在眼里,喜在心里。

不得不承认,有些孩子在其天性中就带有追求完美的成分,他们害怕犯错,担心做不好。当真的发生错误后,他们就会自怨自艾,觉得自己好笨。对于这样的孩子,父母应给予及时的引导,否则长期下来,孩子会因为这种追求完美的心理而阻碍自身健康地成长。

父母们都知道"金无足赤,人无完人",的确,在我们生活的世界上,根本不存在十全十美的事物,没有人是完美的。即便再优秀的人也会有自身的缺点错误,也会有面对失败与挫折的时候。而对于孩子们来说,因为年纪小、阅历浅、心智尚未成熟,他们往往不能正确地看待学习生活中的失败与挫折。为此,做父母的应尽力引导孩子能够正确看待生活中的挫折和失败,并适时地鼓励孩子,让孩子学会接受自己的"不完美"。

在日常生活中,像故事中曾经的嶙嶙那样追求完美的孩子并不鲜见,他们害怕自己犯错,一旦自己做了什么错事,或者做什么不到位,就会自怨自艾,甚至否定自己。这种情况下,如果父母没有及时地引导和鼓励,那么孩子就会认为自己是个大笨蛋,什么都做不好。如此一来,孩子的自信心就会一点点消失殆尽。

虽然孩子天性敏感,难以承受挫折和失败,但是父母们也要让孩子知道人生道路上,失败和挫折是不可避免的,如何来引导他们正确看待失败、面对挫折,是父母们虽然头疼但也必须要面对的问题。

我们要让孩子认识到，在人生旅途中，失败和挫折是不可避免的，人的一生中有成功的喜悦，也会有失败的悲伤。时常给孩子灌输这样的思想，那么他就会从心理上有一个准备，当今后遭遇失败，心理上也会容易承受，而失败为他带来的损失也会最大化降低。

1. 防止孩子面对失败的消极态度，避免产生连锁反应

有的孩子遭受一点失败，遇到一点挫折，就自卑、沮丧、消极，从此一蹶不振，甚至失去生活下去的勇气和信心。在这种情况下，父母绝不能责怪孩子，对他进行冷嘲热讽，而要安慰他、鼓励他、支持他，比如孩子考试没考好，父母可以告诉他，这次你已经努力了，考不好只是偶然的，只要努力，爸爸妈妈相信你，下次肯定会考得好；孩子受到小朋友的冷落时，父母最好敞开自己温暖的怀抱，对孩子说，谁都有可能失去朋友，但是只要把自己做好，就自然会拥有朋友的，在没有朋友的日子里，还有爸爸妈妈这两个大朋友，而且会一直爱他。这样，孩子就不会把注意力放在那些无谓的感叹上，从而用积极的态度面对失败，重新振奋勇气和信心。

2. 提醒孩子面对失败不要自怨自艾，要将失败转化为成功的动力

俗话说："失败乃成功之母。"由此可以看出，失败是一把"双刃剑"，只要有效正确地利用这把"双刃剑"，失败也是你获得成功的契机。父母应该引导孩子从失败中总结经验，汲取教训，采取积极的行动在逆境中奋起，扭转失败的局面。当孩子因为失败总是自责时，父母要及时加以引导，用积极的态度开导孩子，鼓励并帮助孩子克服困难，重拾信心。

3. 父母应该教导孩子淡然看待外界对自己的评价

"走自己的路，让别人说去吧！"这句话要告诉我们的道理就是不要太在意别人对自己的评价。每个人的人生道路都是自己走出来的，如果过于在意外界对自身的评价，别人看自己的眼神，那么一旦听到一些外界对自己不好的评价或者看到别人对自己异样的眼神，内心就会开始怀疑自己是不是真的不行或者做错了什么事情，从而很容易产生挫败感，经不起失败的打击。对此，父母要锻炼孩子从小努力拼搏的精神以及豁达的心胸，这样，当孩子遭遇失败、面对挫折时才不会意志消沉，才有勇气奋起拼搏，转败为胜。

每个孩子都有着敏感的内心，他们希望自己这也好，那也棒，永远不犯错。可是哪有不犯错的人呢，更何况是孩子？当孩子因为犯错误而有一种挫败感的时候，父母千万不要指责或者对孩子的感受漠不关心。引导孩子正确看待挫折，帮助他们重拾信心才是正道。

第四章　自我掌控：
重视情商开发，为修养累积资本

Chapter 04

情绪上喜怒无常、做事不自觉、不听父母劝说等，
这些都是孩子自制能力弱的表现，
也是一种修养不够的表现。
为此，如何进行情商开发，
培养孩子的自制力，
成为一个关键性问题。
可以这样说，当一个人具备自我掌控的能力时，
他就能真正成为自己的主人，为修养累积资本。

🦋 驾驭你的情绪，做自己的主人

一个做蛋糕生意的美国老板，准备招聘一名助理，商店的主人在店门前的窗户上贴了一张独特的广告，内容是："本店欲招聘一位能够自我克制的男士。报酬为每星期40美元，合适者可以拿60美元。"

其中，"自我克制"一词引起了人们的注意，人们也纷纷就此争论起来。但是，符合"男士"标准的小伙子们对于这个词颇为关注，同时也引起一些家长们的思考，自然也引来了众多求职者。

每个求职者都要经过一个特别的考试。其中，有一个叫汤姆的小伙子，他也加入到了应聘者的队伍里，在一番忐忑地等待之后，终于该他出场了。

"您可以阅读一段文字吗？"

"可以的，先生。"

"那请您读一读这一段，好吗？"说着，店主把一张报纸放在汤姆的面前。

"好的，先生。"

"那我再问一下，您能一刻不停顿地朗读吗？"

"没问题的，先生。"

"很好，那请跟我来。"店主把汤姆带到他的私人办公室，然后把门关上。

只见店主把这张报纸递到汤姆手中，上面的内容就是刚刚要求汤姆不停顿地读完的那一段文字。

接下来，汤姆开始阅读。可是还没读完一句话，店主就放出了五六只可爱的小狗，小狗们跑到汤姆的脚边上蹿下跳的。

店主的这一做法引起很多应聘者的不满，因为他们由于受到小狗的诱惑都情不自禁地将视线离开阅读的材料，因此而遭到淘汰。

然而，汤姆却始终记得自己当时是作为一个应聘者身份出现的，他在不受小狗诱惑的前提下，一口气将材料全部读完了。

此前，已经有70个人失败了。汤姆作为第71个应聘者，被成功聘用。

之后，店主问汤姆："在您读书的时候，难道没有注意到你脚边的小狗吗？"

汤姆笑了笑答道："是的，先生，我没有注意到。"

店主接着问道："我想您应该知道它们的存在，对吗？"

"是的，先生。"汤姆回答道。

"那么，为什么您不看它们？"店主继续问道。

"因为我告诉过您我要不停顿地读完这一段。"汤姆平静地说道。

"您总是遵守你的诺言吗？"

"是这样的，先生，我总是努力地去做。"

店主对于汤姆的回答显然十分满意，心里琢磨着：这才是我想要的人。

故事可能略显夸张，但实际的道理却蕴含其中，它让我们看到正是因为较强的自我控制的能力，汤姆才从众多应聘者中脱颖而出，赢得面试官的信任。

显然，无论从哪一方面来说，能够克制自己的情绪都是十分必要的。良好的自我驾驭情绪的能力是一个人优秀的表现。我们中国人常说的修身养性，其中就包含了驾驭情绪的能力。可以这样说，当一个人真正学会驾驭自己的情绪时，他才能真正成为自己的主人。

其实，在孩子小的时候自控能力是非常差的，他们不具备足够强的耐性。当看到自己想要的东西时，他会不顾一切地得到。当父母不满足他的要求时，他会选择不停地哭闹。面对这样的情况，父母一定要先沉得住气，理性地面对孩子的"无理取闹"。只有父母做到了耐心和控制情绪，才可能进一步培养自己的孩子。

1. 在生活中时刻训练孩子的自控能力

无论是孩子的学习还是生活，父母都可以为其设定一定的计划，并时刻督促他按计划行事。比如每天早上几点起床，起床后必须做哪些事情，每天晚上几点睡觉。总之要让孩子有规可循，在这种灵活性的约束下不断克服自己的急躁情绪，摒弃自己的懒惰习惯。

2. 适当延迟满足孩子的欲望

如果孩子提出来的要求，父母总是及时地满足，那么就容易让孩子形成急躁性格。相反，如果能够延迟满足孩子的要求，则能在一定程度上让孩子学会克制。比如，当孩子想买某个很喜欢的玩具，父母可以有意识地推后一段时间再给他买。当然，这种暂时的拒绝不能太生硬，而应选择一种温和的，容易让孩子接受的方式。如果能够长期如此，就是一种对孩子自制力的很好的锻炼方式。

3. 爱孩子但不要溺爱孩子

父母都爱自己的孩子，但很多父母爱得有些过度。要知道，溺爱只能使孩子变得任性、自私、意志薄弱，不善于克制自己。这方面，家长的态度要统一，不能姥姥说可以再看一集动画片，而妈妈却不同意；也不能妈妈说周末只能去动物园，没有时间再去植物园，而其他家人却告诉孩子两个地方都可以去。

　　同时，父母还要注意训练孩子进行行为识别的能力，让他知道，有些事能做，有些事不能做。长此以往，孩子心中就会慢慢形成一架道德"天平"，在做某件事情之前，他就自然会有所考虑，有所节制了。

❀ 拥有说"不"的勇气

　　在爸爸妈妈和老师的眼里，蒋凯是个特别慷慨、特别热心的孩子。从小到大，他从不吝惜自己的东西，有时候宁可自己不玩，也要把玩具让给其他小朋友。

　　上学后，蒋凯依然很热心，同学们总是向他借这借那的，他从来都不拒绝。可是，爸爸妈妈发现，有时候刚给儿子买了文具，第二天就要再买，他的理由是别的小朋友没有，就给人家了。

　　对于儿子一直以来的热心肠，爸爸妈妈很是欣慰，但是他们也不无焦虑，这样下去儿子还会有自我意识吗？对于别人的要求，向来都是满口答应，从不说半个"不"字。

　　因此，蒋凯的父母很担心，儿子会为了同学间的情谊，在面对不合理的要求时也不懂得拒绝，这样下去对他的成长肯定没好处。

　　现代教育，无不倡导孩子要懂得分享，要养成慷慨大方的美德。父母们也都知道，只有这样，孩子才会获得别人的友好相待，赢得别人的信任和尊重。

像上面故事中蒋凯的事例，应该和父母给予的这方面教育息息相关。但父母们是否考虑过，孩子如果把握不好尺度，以至于全然放弃了自己应该具备的权利，那么对他的成长会有怎样恶劣的影响？

当然，我们并不否认应该友好、慷慨地对待他人，但是，如果对于别人提出的要求一概答应，从不考虑自己的实际情况和真实想法，结果只能是得不偿失。

不可否认，拒绝并不是件容易的事，即使对年幼的孩子来讲，也会有种种难为情。有些人在拒绝对方时，因感到不好意思而不敢据实言明，致使对方摸不清自己的意思，而产生许多不必要的误会，同时也容易给自己的心理造成压抑。

实际上，大胆地拒绝别人，虽是不太容易但却十分重要的事情。如果孩子懦弱将会导致他无法适应社会激烈的竞争，对其将来的学习、事业和生活都会造成很大影响。父母一旦发现孩子性格上存在懦弱的缺陷，就应该采取积极有效的措施来帮助孩子，教会孩子学会拒绝，敢于大胆地说"不"。

1. 培养孩子的自我保护意识

作为父母，要多关注孩子的日常行为，当发现孩子不懂拒绝的做法时，要耐心地向他说明其中的道理，让孩子知道有些时候是可以而且必须说"不"的。

一次，甜甜放学后遇到一个青年男子问路。出于助人为乐的心理，甜甜详详细细地告诉了对方。可是这位青年男子却好像还是不明白，他提出要甜甜亲自带他去他想去的那个地方。

毫无戒备的甜甜没有多想,就带着他去了。待他们走到一个僻静的地方时,这个男子忽然停了下来。就在那个傍晚,甜甜被男人的兽性淹没了,当爸妈找到她的时候,她难过地在那个偏僻的角落里哭泣着。

显然,甜甜在"助人为乐"的思想引导下,完全抛却了自我保护意识,以至于让自己受到巨大伤害。

所以说,父母必须让孩子增强自我保护意识,该拒绝的毫不犹豫,这样才能避免伤害,维护自身的权益。

2. 让孩子懂得明辨是非,知道取舍

拒绝可以分成三种情况,即"不可以","不愿意","做不到"。

第一种情况下,不管对方给出多大的诱惑力,也不管双方情谊如何深,都必须坚决拒绝。比如,平时要好的朋友约自己去偷别人的东西,或者考试的时候给他传纸条,等等。类似这样的原则性问题,毫无妥协的余地,如果孩子出于一时的不忍,造成的可能是一辈子的遗憾。

如果是第二种情况,那么就要引导孩子自己衡量一下,接受和拒绝两个选择的结果,哪一个是自己更愿意承受的。

如果是第三种情况,那么父母就应该在事前提醒可能产生的不良后果。父母可以告诉孩子,有些时候,有些事,你实在帮不上忙,如果你答应下来,到最后使人家对你寄予希望却又落空,会感到更失望、伤心甚至怨恨,而你也可能误了别人的大事,吃力不讨好。孩子自然会去权衡利弊得失。如果他还坚持不拒绝的话,那么让他受一受挫折,也许比起父母的说教更能让他汲取教训。

3. 营造民主的家庭氛围，让孩子尽情表达自己的想法

很多不善于向不合理要求说不的孩子，往往在家里就得不到发表自己看法的机会，经常是父母说了算，自己只有听的分儿。这样，孩子表达自己意愿的能力就被逐渐扼杀了，以至于即使面对不合理要求，也不懂得拒绝。

因此，为了我们的孩子能够懂得说"不"，以此更好地维护自身的权益，那么父母们就要为孩子创设一个民主的家庭氛围，给孩子尽情表达自己想法的权利和机会。

如果孩子说得正确，父母就要给予表扬和奖励，如果不正确，父母也要耐心听孩子讲完，然后告诉他错在哪里，为什么这样做不对，应该怎样做。这样一来，孩子的自信心就会增强，独立思考的能力也会增强，那么他就不会被别人牵着鼻子走了。

4. 让孩子直接说出拒绝的理由

我们要告诉孩子，如果他内心里不愿意答应对方，那么就直接告诉对方自己不想这么做的客观原因，比如说自己的情况不允许，或者客观条件所限，等等。

这样，对方大多能够表示理解，也就会放弃自己的要求。

说到底，为了孩子能够健康地、有尊严地成长，父母就要教会他们如何平和地、友好地、委婉地拒绝别人的要求。同时，也要培养孩子能够泰然自若地接受他人的拒绝的勇气和能力。让孩子学会拒绝，是每个父母对孩子独立性和自主精神培养的关键点之一。

幽默的孩子更具魅力

李犟是个性格内向的小姑娘，用她妈妈的话说，就是这孩子特别在意周围人的眼光。

在学校里，如果遇到同学们和她开玩笑，李犟也当真，很不高兴，觉得别人是在故意挖苦或者是讽刺她。

前两天，同学陈明看见李犟的脸上不小心沾上了墨汁，觉得十分有意思，于是笑着对周围的同学说："哈哈，你看咱们班上怎么跑来了一只小花猫啊，真是可爱。"

同学们也觉得李犟的脸上因为有了那几滴墨汁特别逗。但是李犟这时候却生气了："笑什么笑，不就是几滴墨水吗，有什么好笑的，谁再笑我就给谁的脸上也涂上墨汁。"

听见李犟这样说，同学们都停止了笑声，然后离开了她身边。而李犟感到十分委屈，觉得自己的同学太不厚道了，不仅不帮助自己擦掉，还嘲笑自己。

在陈明和同学们看来，笑她并没有其他的意思，只是看着李犟的模样觉得好玩，觉得这是给紧张的学习生活增加了一点笑料，可是没有想到李犟的度量这么小，这么不近人情。

从那以后，同学们渐渐都疏远了李犟，觉得她太不幽默了，还那么凶。而李犟因为同学们疏远自己，也变得更加悲观和郁闷了，但是她却不知道自己该怎么做。

如果你有李犟这样一个孩子，会不会觉得很令你头痛？因为你会担心孩子的性格影响了他正常的交往，使他得不到宝贵的友谊，甚至影响他将来的工作和生活，等等。

可是，在生活中往往会有个别孩子像李犟这样，他们喜欢嘟嘟嘴，喜欢不高兴，总是动不动就生气。当然，还有另外一部分孩子，他们总是爱说爱笑，很风趣，很有幽默感。毋庸置疑，人们无一例外地都会喜欢那些笑容满面、有幽默感的阳光型孩子，不喜欢李犟这样没趣味的孩子，前者不仅自己快乐，还会让他人快乐。

俄国文学家契诃夫说过："不懂得开玩笑的人，是没有希望的人。"可见，生活中的每个人都应当学会幽默。多一点幽默感，少一点气急败坏，少一点偏执极端，少一点你死我活。

的确，在现实生活中，幽默可以淡化人的消极情绪，消除沮丧与痛苦，舒缓紧张气氛，使人能以轻松的心情面对生活，更能带给自己和别人喜悦和希望。

具有幽默感的孩子会散发出一种亲和力，使他能获得更多的友情，赢得别人的信任，从而获得比较好的人际关系，深得大家的喜欢。不仅如此，幽默还能帮助孩子更好地应对生活和学习中的压力和痛苦，因而幽默的孩子往往比较快活、聪明，能较轻松地完成学业，甚至拥有一个乐天、愉悦的人生。

1. 有意识地训练和培养孩子敏捷的思维能力

幽默其实是智慧的体现，这样的人通常思维敏捷，有着很强的应变能力。因此，父母要注重对孩子敏捷思维能力的训练和培养，平时可以给孩子出一些"脑筋急转弯"的题目，或者引导孩子看一些有趣的电视节目、书籍，等等。

2. 用讲故事的方式引导孩子养成幽默的习惯

父母可以通过给孩子讲故事的方式来培养他的幽默感。很多成人觉得孩子连话都还说不利索,哪里懂得幽默。其实,这是一种偏见。

有一回,儿子听到爸爸的一个朋友在打电话之后,跑去跟妈妈说:"妈妈,我给你讲一个笑话。王叔叔打电话时,他听到别人说出姓名后,就说哎呀呀哎呀呀,原来是你呀!真是有趣!"

瞧,这不正是孩子懂得幽默的表现吗?

3. 对孩子表现出来的幽默感要予以肯定

有时候孩子觉得好玩的事,父母未必觉得有意思,但不要因此就对孩子敷衍塞责。当孩子讲起身边各种有趣的事情和见闻时,父母都要耐心听完,并用真诚的微笑表示你的认同。

一位年轻的母亲正在厨房做饭的时候,听到儿子在院子里不停地跳着,就问道:"你在玩什么呀?"孩子回答:"我跳到月球上去了!"

听了儿子的回答,妈妈先是愣了一下,然后温和地说:"哦,可不要忘了回来呀!"

多年后这个孩子长大成人,他成了人类历史上第一个登上月球的人,他就是阿姆斯特朗。

当父母对孩子的幽默感予以肯定的时候,孩子的幽默意识就在无形中被强化了,他的幽默感也就越来越强。

总的来说，养育孩子不但需要知识，更需要智慧。就像树上的叶子每片都有每片的形状一样，每个孩子也都是不一样的。那么，如何使你的孩子最大限度地发挥自己的潜能？请父母们相信，智慧比知识更有力量。

❀ 学会应变，生活更从容

紫琪今年已经上五年级了，她是一个乖巧懂事的孩子。有一次，爸爸妈妈因为有急事要出去，所以就给紫琪留下了纸条："爸妈有急事，今晚可能回不来了，你可以去邻居张阿姨家里睡一晚上，妈妈已经给她说好了。"

当紫琪回到家的时候，她没有看到爸爸妈妈留的纸条，看见家里的门是锁着的，于是就坐在门前等。天气非常地冷，但是紫琪一直蹲在家门口，就那样哆嗦着度过了将近6个小时。

邻居张阿姨一直不见紫琪去自己家，于是就担心地跑出来，出来一看有个身影在紫琪的家门口，于是就喊："是紫琪吗？紫琪，你答应阿姨一声。"说着就走了过来。走近一看，紫琪的脸几乎都已经冻僵了，张阿姨赶紧将紫琪抱回家，让她洗了热水澡，好好地睡了一个晚上。

其实，紫琪就是一个应变能力非常差的孩子，在爸爸妈妈不在家的情况下，就算没有看到妈妈留下的纸条，自己也应该学会去寻求其他的方式。比如去邻居家躲躲寒风，喝口热水，也不至于让自己在门外等了将近6个小时。

由此可见，应变能力是一个孩子必不可少的一种能力，人生在世，挫折和突如其来的事件谁都无法预料。孩子在以后的人生中同样也要面对很多措手不及的事情，如果他们不具备较强的应变能力，就可能被未来的社会淘汰，只有一个具有应变能力的孩子才能够坦然地面对生活中的挫折；才能够不畏风雨地打造自己的天空；才能够在未来的人生路上走得矫健……

在孩子小的时候，很多父母总是过分地溺爱孩子，什么事情都采取包办的形式。殊不知，总有一天孩子要踏入社会，要独立行走，就像中国有句话说的一样"翅膀硬了，就要飞走了"。作为父母，都希望儿女能够有能力应对未来生活的多变，都希望儿女能够在纷繁复杂的社会中健康成长。那么父母就应该在孩子小的时候就培养他们的应变能力，只有这样，他们才能在遇到紧急事件的时候，在最短时间内想出最有效的方法。

1. 用"假设"激发孩子的应变能力

孩子小的时候，自然是不会遇到多么棘手的问题，即使遇到了，父母为了孩子安全考虑，也会帮孩子去解决。但是，作为父母，需要培养孩子的应变能力，那么应该怎么做呢？其实，对于这个问题家长朋友不必太担心，在日常生活中，家长可以通过给孩子假设不同的场景，来教孩子如何应对紧急的情况，以提升孩子的应变能力。

在工作之余或者假期的时候，父母应该多陪陪孩子，在这个过程中，并不是要求家长领着孩子去进行消费，用物质来表达父母对孩子的爱。之所以让家长多陪陪孩子，旨在要家长朋友陪孩子聊聊天，假设一些紧急的场景。

比如，当爸爸妈妈不在家的时候，突然有陌生人来敲门，孩子应该怎么做？当爸爸妈妈都不在，家中的爷爷突然发烧了，孩子应该怎么做？当家中的煤气罐漏气了，孩子应该怎么做？在路上走路的时候，突然有陌生人跟着自己，孩子又应该怎么做？当家里停电的时候，孩子应该怎样点蜡烛？做饭的时候，锅里着火了，孩子应该怎么办？当家中不幸着火的时候，孩子应该怎样将火扑灭……这些都是日常生活中遇到的紧急情况，父母可以通过这样的假设，加上说教和引导，让孩子知道，无论遇到什么样的情况，首先要让自己冷静，而不能慌了手脚。

2. 教你的孩子学会"反弹琵琶"

应变能力离不开一个"变"字，在培养孩子的时候，同样也要教他们在一定的情况下学会变。

昊锐是个非常聪明的孩子，老师和爸爸妈妈都非常喜欢他，他不仅学习成绩好，而且还非常地懂事。有一次，昊锐再次获得了全校第一名，老师在上课的时候夸奖了他，但是老师的夸奖让班里的凌志看不惯了。

下课后，凌志就叫上自己的哥哥找到了昊锐，凌志的哥哥凶神恶煞一般地说："你确实很聪明，但是我想说的是，小时候聪明，长大后就不一定聪明。"

这时候，昊锐很冷静地说了一句："看来，哥哥你小时候一定非常聪明吧。"

这句话让凌志兄弟俩哑口无言。

在这里，昊锐用的就是"反弹琵琶"，很巧妙地用别人的问话反制其人，可谓是出奇制胜。每个孩子都可以具备这样的应变能力，只要父母在生活中教孩子善用语言，就可掌握说话的技巧。

3. 预防孩子成为"小滑头"

父母都希望孩子成为一个应变能力强的人，所以在孩子小的时候，很多父母就开始对孩子进行"应变"的培养。但是，父母在培养孩子应变能力的时候，一定要给孩子明确，应变能力是用来应对生活中一些紧急情况的，不可以让他们运用自身的应变能力去坑蒙拐骗，做不道德的事情，也不是让他们成为"小滑头"，让人难以捉摸。

在这个时候，最重要的一点就是，父母在培养孩子应变能力的时候，首先要教他们如何做人。只有在懂得做人的前提下培育出的孩子才是最为优秀的，才是每一个父母所期盼的，才是将来社会上的佼佼者，才是未来社会的主宰者。

❋ 做一个幸福的追梦人

田声是个活泼开朗，善于言谈的男孩，深受老师和同学们的喜爱。

在一次以"我的梦想"为主题的班会上，班主任杨老师问同学们有什么理想，田声把手举得很高，很自豪地说："我长大后要做一名飞行员！"

老师问："为什么呀？"

田声回答道："我向往着在天空中翱翔的感觉。"老师微笑地点点头，同学们也越发地崇拜他。

田声之所以有如此坚定的抱负，这与他老爸对他的引导有关。

田声很小的时候，老爸就问儿子："儿子，你长大了想做什么呀？"

"要跟爸爸一起天天在公园坐过山车。"田声想都没想就回答出来。

对于这个并不伟大，也谈不上恢宏的理想，爸爸没有嘲笑孩子，而是引导着说道："坐过山车当然可以，但是，爸爸是问你长大后具体想从事什么工作？"

"我想像小铺里的周勇叔叔一样卖冰棍！"田声响亮地回答说。

爸爸知道，最近天热，儿子最爱吃冰棍了，所以会对这个感兴趣。父亲看着儿子哈哈大笑："行，卖冰棍也不错，爸爸可以天天有冰棍吃了。"

等到田声上小学的时候，父亲再问儿子长大后要做什么，儿子说他也不知道将来要做什么才好。

父亲为此陷入沉思，慢慢父亲想通了，儿子没有理想，父亲可以引导他树立理想呀。

有一次，父亲带着田声坐飞机去海南度假，试着暗示儿子："田声，你看蓝天、白云是多么美呀，飞机能够翱翔在空中，用几个小时的时间就把我们送到几千里之外的地方，多了不起呀！"

田声点点头，然后神往地说："爸爸，我也喜欢飞行，真想长大后能成为一个飞行员，可以驾驶着飞机翱翔在蓝天上。"

"儿子，这个理想很好呀！说不定有一天你还可以驾驶宇宙飞船翱翔到太空里去呢！"

一听爸爸说可以翱翔太空，田声更加振奋了，高兴地拍手说："好向往呀，希望我长大后能成为一名非常优秀的飞行员，然后向宇航员进军！"

田声的理想就这样诞生了。

父母们都希望自己的孩子壮志凌云，有着伟大的理想和抱负，因为在理想的刺激下，孩子才更有动力投入到每天的学习和生活中去。

可是，我们也要知道，孩子毕竟是孩子，他们对人生的认识是肤浅和模糊的，他们的志向总是跟自己的生活环境息息相关。比如说，当他看到解放军叔叔很神气，便希望自己将来也可以去参军；当他看到医生能够将病人给治好，便希望自己将来成为"白衣天使"；他看到电视里的明星在舞台上很耀眼夺目，便把自己的理想定位在明星上；他们崇拜奥特曼，便希望自己以后也能去拯救人类……

这正是孩子脑瓜里关于"梦想"的追求特征和规律，由于好奇心强，自控能力差，自己的远大志向非常容易受周围环境的影响。

当然，并不是所有的孩子都有理想，没有理想的孩子不在少数。面对这些没有理想的孩子，父母不妨给孩子一些暗示，比如"当医生能救治病人，被人们尊为'白衣天使'，做老师可以整天与一群无忧无虑的孩子在一起"，等等。总之，在了解了孩子的基础上，父母需要运用自己的人生经验和智慧，来引导他具有一个远大的理想抱负。

1. 让孩子知道梦想的作用

父母们都知道，梦想是孩子前进的方向和驱动力。因此，要想让孩子取得成功，很关键的一步是让他们意识到梦想的价值所在。

佑佑的爸爸是一位很出色的设计师，他常常给儿子讲自己的成功之路。想当年，奶奶家很穷，没有钱供自己上学，但他当时很喜欢研究周围建筑的形态，没事的时候自己就想象着什么样的房子更漂亮、更美观。后来，他开始自己在纸上写写画画，凭借自己的想象勾勒出了很多幅精彩的设计图。后来，一个偶然的机会，他的设计图被一个亲戚看到了，亲戚说他很有设计方面的天赋。从此，他的心中燃起了梦想，一心想做设计，直到20多年后成了一名出色的设计师。

爸爸说，如果当初不是有做设计师的梦想，如今的他还是面朝黄土背朝天的农民呢。

父母们要认识到，当孩子意识到梦想的巨大促进作用后，他就会自觉地在父母的教育和督促下，采取积极的措施促成梦想的实现。

2. 对孩子的志向要有所了解

有些孩子虽然学习成绩好，但是从不考虑自己将来做什么。这样的孩子往往因为没有远大志向，长大后逐渐失去奋斗的目标，对未来感到茫然。正如原谷歌中国区总裁李开复所说："很多人连如何判断自己的目标、理想都不清楚。这一点没弄明白，就谈不上为实现理想而奋斗。所以，我们才会看到那么多大学生沉溺于'声色犬马'，不思进取，才会有那么多大学生在迷茫中挣扎，或者在获得某个阶段性的成功后就一下子不知道该往何处去了。相反，若是一个人拥有对自己、对家庭、对社会的理想和责任，他就更容易形成自己的价值观，并确立长远的目标。这样的人最容易走出'迷茫'的困境。"

3. 培养孩子广泛的兴趣

一般说来，孩子的兴趣在哪里，他的梦想就会在哪方面。但我们常常发现，有的孩子没有很明显的兴趣点，他们对什么都可有可无。如果你也面临着这样的孩子，那么该怎么办呢？

倘若如此，父母不妨对其进行适当的培养。当然，兴趣的培养不是一蹴而就的，这是一个相对缓慢的过程。而且孩子在对事物的兴趣上有可能出现反复现象，那么只要父母抱着正确的态度，就能循序渐进地引导孩子发展自己的兴趣爱好。

如果说人生是一艘在海上航行的船只，那么梦想就是引领船只的灯塔，在它的引领下，航船才能有目标和方向。由于孩子尚不成熟，对于梦想还没有较为明确的认识，所以这就需要父母们要有意识地通过各种方法来了解和培养孩子的理想，让你的孩子成为一个胸怀天下、志气宏大的少年！

引导孩子在反省中进步

果果爸爸带他去商店玩，果果看到了一把很漂亮的玩具手枪，还有五颜六色的子弹，于是非缠着爸爸买下来。爸爸看了那把手枪，发现它并不实用，于是告诉儿子："这把手枪华而不实，很容易就会摔坏，我们再看看其他的好吗？"果果不听，执意要买。爸爸想了想说："我可以答应给你买，但你也要答应我一个条件，买了这把手枪后，两个月之内不许买其他玩具了。"果果高兴地答应了。

买回家后，果果发现这支手枪果真没有想象中好玩，并且在一次玩耍中，一不小心摔坏了，看着别的小朋友都有结实耐用的玩具，他觉得很后悔。爸爸看出了果果的想法，对他说："不要为已经做错的选择后悔，现在你需要做的是汲取这次失败的教训，知道下次应该如何去做就可以了。"果果点了点头，把坏掉的小手枪挂在了自己房间的墙上，提醒自己以后不再犯贪图虚荣和任性的毛病。

从故事中可以看出，在爸爸的引导下，果果对于自己所做的事学会了反省，提醒自己不要再犯贪图虚荣和任性的毛病。

对于家长来说，我们尤其要学的是果果爸爸的循循善诱的做法。想想生活中的我们，在引导孩子总结失败教训的时候，是不是常会将自己的价值观强加在孩子头上，比如对孩子说："你看，我说什么来着，你不听，现在后悔了吧？"

殊不知，这种论调起不到引导作用，只能加强孩子的逆反心理。正确的做法是，告诉孩子："你想一想，是不是用我告诉你的方法，结果会好些呢？""有时候，多听取他人的意见，会避免一些问题，你说对吗？"

这样可以让孩子更愿意接受，同时，父母还要让他懂得从失败中汲取教训，反省自我，下一次不再犯同样的错误。

综观古今中外，众多成功人士在介绍总结经验的时候，总会提到自我反省的能力，一个人之所以能够不断向前，和他自我反省的能力有很大关系，因为只有找到自己的缺点或做得不够完善的地方，才能不断改正，以追求完美的态度去做事，从而取得成功。

对孩子来说，自我反省的能力同样重要，它不仅能加快孩子成长的脚步，还会让他在生活的方方面面做得更加完善，也更能扬长避短，发挥自己的最大潜能。但实际上，几乎所有孩子的自我反省能力都不算强，有时，他可能会意识不到自己的错误，当他做错事，家长问他："是不是你做的？"他可能会摇着头无辜地告诉家长："不是这样的！"其实这并不意味着他在说谎，而是他根本就没有认识到自己的失误。

想让孩子接受这个事实，需要一定的时间，因为只有他完全接受了做错事这个事实后，才会主动承认错误。

1. 引导孩子预见事物的后果

由于孩子的经历比较单纯，在做事之前考虑不周，或能够预见到的后果和成人的预见不同，因此做事会失误。此时，父母可以适当引导孩子，如果他执意要按自己的想法去做，不妨在跟他讲明道理的前提下让他尝试一下，他一旦发现自己的预见并不准确，就会反省自己的行为，并慢慢掌握预见的能力。

2. 引导孩子自我反省

在孩子犯了错误之后，父母不要急于对他进行教育，给他一定的时间，让他自己来认识到行为的错误，一段时间后，再抓住一个适当的时机对他进行引导，这样更能让他学会自我反省，并保证以后不会犯下同样的错误。

在列宁9岁那年，妈妈带他去阿尼亚姑妈家做客，活泼好动的列宁在玩耍的时候，不小心将姑妈家里的花瓶打碎了。当时，只有他一个人在房间里，谁也没有看见，后来姑妈问孩子们："是谁打碎了花瓶？"担心在众人面前受到惩罚的列宁和其他孩子一起说："不是我！"当时，列宁慌张的神色已经让妈妈猜到了是他打碎的，但她却没有作声，因为她想看看儿子犯错误后是否会对自己不诚实的行为有所认识，同时引导他自我反省，并针对他的思想状况对他进行启发。

接下来的3个月，妈妈一直保持沉默，她在等待列宁自己发现错误并勇敢地承认。果真，妈妈沉默的表情让列宁深感不安，他一直在作思想斗争，终于有一天，母亲走到他跟前，慈爱地抚摸他的头，却依然没有说话。列宁突然大哭起来，对妈妈说："我骗了阿尼亚姑妈，花瓶是我打碎的！"

父母们要注意到，孩子往往在做事的时候会比较冲动，很少考虑后果，因此事情往往会以失败告终，此时，父母应该教孩子总结失败的教训，因为只有学会总结经验教训，才能做到自我行为的反省。

第五章 行为习惯：
抓细节，养习惯，让涵养步步提升

Chapter 05

行为习惯是人的素质和能力的生长点，
养成了良好的行为习惯，
才谈得上具备良好的教养。
俗话说"习惯成自然"，
孩子良好的行为习惯是在父母有意识地培养下形成的，
而习惯一旦形成，就不易更改。
所以，父母们应让孩子从细微处做起，
持之以恒，让涵养步步提升。

❋ 做计划，生活不再"一团糟"

莉莉刚进入小学的时候，还不能很好地适应学校生活，依然存在着贪玩、缺乏自觉性、粗心等问题。有时候忘了带文具盒，有时候起得很早，却因为手忙脚乱而导致上课迟到，有的时候放了学不做作业，直到临睡前才逼着自己摊开作业本……

见女儿这样，妈妈开始思考对策，通过看一些教子书籍，妈妈找到了应对女儿这种"一团糟"问题的对策。

妈妈和莉莉约定，她们共同制订一个周计划表，表上都是每天必须要做的事情，比如早晨几点起床，几点完成家庭作业，什么时候练琴，几点睡觉，等等。

同时，妈妈还会根据女儿每天的表现来打分，每个项目满分为5分，一周满分为125分。一周得100分以上，给一种奖励；115分以上，给两种奖励。奖励内容包括去游乐场玩、讲故事、做游戏等。

没想到，这招还真见效，不到4周的时间，莉莉以前的坏习惯居然有了明显的改进。3个月过后，莉莉已经不需要"考核"就能自觉地做好计划表中的每一件事了。

或许你会产生疑问：一张小小的计划表有这么神奇的作用吗？

父母们千万不要把计划表看作一件简单的事，它可以"指导"我们的孩子把握时间，掌握进度，让他们如期且顺利地完成自己要做的事。

可是看看我们周围，大多数父母面对的情景是：

每天早晨一起床，孩子就会着急地喊妈妈，我的衣服呢，鞋子呢，袜子呢？

有时候星期一刚给孩子的零花钱，不到星期三就都花光了，大人问他都买什么了，他却回答不上来，"我也不知道，反正一下子就花完了。"

每次考试之前，孩子就会忙得像热锅上的蚂蚁，早起晚睡的，因为平时不复习，考前着急了，所以忙乱不堪……

这些情况，无一不是缺乏计划性的表现，孩子不但自己辛苦，父母也跟着操心。

一个缺乏计划性和条理性的孩子，常常是想起什么做什么，东一榔头西一棒槌，到头来什么也没做好。

做事缺乏条理性和计划性，是孩子逻辑思维能力不强导致的。而这种能力的培养同样离不开父母的努力，如果父母不帮助孩子纠正，可能导致孩子做事鲁莽草率，成年后对自己的人生缺乏整体的规划。

其实要解决这些问题也很简单，父母要引导孩子们学会做事有计划，对自己要做的事情有具体的时间规定，有准备、有措施、有安排、有步骤。

孩子一旦养成了有计划和自觉做事的习惯，不仅可以使父母省心，还能自己有条不紊地处理学习和生活中的事情。由以上的例子可以看出，莉莉对于做事有计划已经有了相当的认识，这多亏妈妈的巧妙引导，让她改正了马虎、粗心的坏习惯，形成了良好的计划做事的好习惯。

1. **严格按计划办事，坚持落实计划**

勤勤的妈妈发现女儿在弹钢琴的时候总是不能聚精会神，她弹几分钟就跑到客厅看一会儿动画片。于是，妈妈对勤勤说："以后你每天只弹半个小时的钢琴，晚饭前弹也行，晚饭后弹也行。但是妈妈提个要求，在弹琴的时候一定要一直坐在琴凳上，不能三心二意。"

勤勤想了想，晚饭前电视里要播放一个自己喜欢的动画片，于是她选择吃完饭再弹琴。确定了自己的计划后，勤勤每天都能开开心心地看动画片，高高兴兴地弹钢琴，而且计划执行得很好，再也不用妈妈跟在后面操心。

不排除有些时候，我们虽然给孩子制订了计划，但是在施行的时候，他总是会提出这样那样的要求。对此，父母不要纵容，比如计划是要先做完作业才能去看动画片的，如果作业没有做完，父母就不能允许他看动画片。制订了计划，就要严格按照要求执行，只有持之以恒，才能形成一种好习惯。

2. **培养孩子积极思考的好习惯**

一件事情要怎么做，为什么要这样做，要让孩子学会思考。比如周末是先去同学家玩，还是先在家写完作业，让孩子自己去思考，自己选择。这样可以逐渐地培养他勤于思考的习惯，制订出来的计划更具有条理性。在引导孩子思考和征求他意见的过程中，会让孩子感受到父母对自己的尊重，这样日后他会更积极地思考，学会自己解决问题。

3. **让孩子养成时间观念**

在孩子的头脑里，起初并没有什么时间概念，他搞不清楚 1 个小时和 45 分钟的差别，也不知道一个半月要比两个月短多少，这就需要父母耐心地帮助孩子，让孩子认识到时间的重要性。这样一来，孩子渐渐就能在脑海中有一个清晰的时间观念，能够在规定的时间内，按照自己的计划做事。

作为父母，无不希望孩子能够拥有一个高质量的人生，而要实现这一点，培养孩子做事有计划的良好习惯是至关重要的。这样孩子对于自己要做的事，就会有准备，有步骤，有安排，有计划地去执行。

如此一来，孩子就会有条不紊地做好每一件事，积少成多，聚沙成塔，距离做成、做好大事也就越来越近了。

❀ 与任性的孩子"过招"

6岁的浩博闹着让妈妈带他去海洋馆玩，可是妈妈早已经安排了别的事情，去不成。于是妈妈对浩博说："妈妈今天有事，改天再带你去，好吗？"

浩博一脸不高兴，嘟着嘴走开了。但浩博走开没几分钟，就又来到妈妈身边，缠着妈妈带他去海洋馆："妈妈，带我去吧，我就是想去看海豚表演。"

妈妈安抚道："今天妈妈有比较重要的事，真的不能带你去，等妈妈一有时间，就会带你去的，不信拉钩钩！"

浩博并不买妈妈的账，依然不依不饶地闹着："我就是要去，我一定要去，不去不行！"

见儿子闹得越来越凶，妈妈觉得苗头不对，看来非要大闹一场不可了，类似的情况以前也发生过。

于是，妈妈不再理睬浩博，而是径直走进卧室，把门锁上。浩博一看这阵势，知道妈妈要惩罚自己了，于是大哭起来。可任凭他怎么哭闹，妈妈就是不开门，不理他。

大概一刻钟的工夫，妈妈听着外面没动静了，就悄悄地打开房门走出去，结果看见浩博正在房间里画画呢。听到妈妈进来的脚步声后，浩博抬起头看了一眼，妈妈对他赞许地微笑了一下，然后走开了。

故事中浩博任性的表现，可能绝大多数父母都在自己孩子的身上感受过。实际上，任性是现代家庭中独生子女身上经常出现的情况，这是孩子的一种不正常的心理状态，也是孩子要挟父母、满足自己某种需要的手段，它常常给家长带来苦恼。

对于孩子的表现，父母多是表示无奈，有的家长想让孩子赶快结束这种情绪，就采取妥协退让，答应孩子的要求；有的家长会用恶狠狠的语言教训孩子，但却很少有家长能像故事中的浩博妈妈这样懂得"对付"孩子的任性。

殊不知，那些向孩子妥协的家长，很容易助长孩子的固执、好强等不良性格；而那些责骂甚至用棍棒教育的家长，则很容易让孩子更加叛逆，更加任性。事实上，任性不是天生的，孩子的任性主要来自于家庭教育失败。家长既是孩子任性的制造者，也是任性后果的承受者。

实际上，造成孩子任性的原因并不复杂，无非是父母的过分溺爱与妥协而导致的。当孩子耍起性子时，家长们多处于两难的境地，答应孩子的要求吧，孩子的要求明明是不合理的，可如果不答应，这又哭又闹的何时才算完呢？真让人心疼得受不了。心软的家长往往在孩子的哭闹、要挟下败下阵来，不得不放弃了自己的"教育原则"，再次以"矫正孩子的坏习惯又不是一朝一夕的事，下次再说吧"来安慰自己。殊不知，家长的妥协导致孩子更加"坚定"了不达目的决不罢休的"信念",于是,使孩子变得越来越难以说服。

如果不想让孩子任性,父母们还需要掌握一定的方法,其中最先要做的是分析一下孩子的任性心理。

儿童心理学家经过研究得出如下结论:孩子的第一次任性行为一般出现在3岁左右。这个时期,他们对周围的事物充满了强烈的好奇心,看到什么都忍不住碰一碰,动一动。同时,这个时期的孩子心理发展正处于"自我中心"阶段,对是非判断以自己是否愉快为依据。如果父母无原则地满足孩子的不合理要求,孩子的错误行为、坏的习惯就会得到强化,任性便由此形成。

可见,任性行为虽然不是天生的,但却是孩子最初的成长过程中就具有某些形成任性的"条件"的。所以,要想让孩子远离任性行为,父母们还要从孩子很小的时候开始教育,让他成为一个和任性不沾边的好孩子。

1. 及时撤离"战场",千万不能强化孩子的错误动机

孩子任性,往往需要父母的"配合",父母越注意他,他就表现得越强烈。所以,当孩子用不合理的方式来提要求或者闹情绪的时候,父母可以不予理睬,及时地撤离"战场"。

或许有的父母觉得这样做有些"绝情",也有些不负责任,让孩子自行其是,父母不去纠正他的行为,而是"躲"起来。

但如果我们仔细分析一下就不难理解,很多时候,孩子对父母的话不理睬,常常是对自己的行为范围作试探,也就是要触碰父母的"底线",他想看看自己能得到多大的自主权。这时候,如果父母和孩子进行正面冲突,只会鼓励孩子的错误动机继续发展,对于解决问题并不能起到任何积极作用。

2. 不要轻易地对孩子妥协

很多时候在家里还好解决,如果外出,特别是有亲戚朋友们在场,父母

往往顾及颜面而向孩子的任性行为妥协。其实这样做只会让孩子无法无天。所以,作为父母,不管在什么情况下,都不要轻易向孩子妥协,这样孩子才会知道父母的"厉害"——不会轻易纵容自己,于是孩子也就乖乖地放弃自己的不合理要求了。

茜茜下学后和前来接她的妈妈一起回家,在去停车场的路上看到卖烤红薯的。茜茜说饿了,要妈妈给她买一块。可是妈妈忘了带钱,她对茜茜说:"妈妈忘了带钱,我们马上回家,到家后妈妈用微波炉给你做红薯吃,好吗?"

"不,我要吃,我就要吃这里的烤红薯。"茜茜冲妈妈吵嚷着。妈妈没有理她,而是径直来到停车场取车。

茜茜一看妈妈不理自己这茬儿,这才意识到,要是妈妈把自己扔下开车走了,自己一个人在这里可怎么办呀。于是,她很知趣地看了妈妈一眼,对妈妈说:"妈妈,我不要烤红薯了,回家吃你给我做的去。"

"这才是乖孩子,真懂事。"妈妈叮嘱茜茜系好安全带,开车回家了。

3. 要想让孩子听话,父母必须做到有令必行

很多父母往往是嘴上勤,行动上懒,他们给孩子制定这样或者那样的"制度",但对于具体的执行情况却常常大开绿灯,导致孩子产生这样的认识:爸爸妈妈说的话可听可不听,因为不听也不会有什么后果。

由此看来,要想让孩子听话,父母必须得做到有令必行,做个坚定的家长。

8岁的波波拿了一本新买的故事书向妈妈走来:"妈妈,给我讲这个故事。""波波,作业做完没?""还没呢。""那你先去做作业,做完了妈妈再

给你讲。""不,讲完这个故事,我再去做。"波波不答应。"听话,先去做作业。""你不给我讲这个故事,我就不去做。"妈妈和波波一来一往地争执起来。最后,妈妈烦不过:"好,好,快拿来,我给你讲,讲完你要马上去做作业。""嗯。"波波答应了一声。

波波的妈妈一开始想让孩子做完作业再听故事,但是她不够坚定,而是屈从了孩子。因为她担心这样和孩子争执下去,显得自己太不近人情,再者这样也浪费时间。但是,波波妈妈肯定没想到,正是她这一时的怕麻烦,纵容了孩子不听话的习惯,必将给以后的教育带来更多的麻烦和障碍。

其实,孩子任性、不听话对他的成长是有着诸多影响的,一个不听父母话的孩子,往往在与别人打交道的时候也无法顺利进行。因为他没有在家里学会配合、学会合作,那么到社会上,在和他人交往的时候,他也不知道怎样和别人进行合作。而且一个总和父母闹别扭的孩子,当和别人打起交道来,又怎么能体谅别人的难处。不用说,这样的孩子是不受欢迎的。

因此,为了让我们的孩子能够顺利地与人相处,那么我们就要从小培养他在家里懂规矩、会合作的意识和习惯。

需要提醒父母们的是,在矫正孩子任性方面,不要操之过急,不要指望一下子就把孩子长时间养成的恶习纠正过来,而应该耐得住性子,循序渐进地进行。另外,父母们还要注意,在一段时间内,专门纠正孩子在某个具体行为上的任性表现;如果一下子给孩子订立许多条规矩,每一条都不许孩子违反,那么孩子就会陷入茫然的状态,不知道怎么办才好,即便他能理解父母的意图,但情绪上也会有较大抵触。若如此,不就违背了教育的初衷了吗?

🌸 感受"制度"的威力

乖巧可爱的萍萍在妈妈那里得了个"忘事佬"的外号，原因就是萍萍做事总丢三落四。

马上要上初中了，妈妈想利用开学前的暑假把萍萍的问题给纠正过来。

于是，妈妈找萍萍商量："可不可以和妈妈做个约定？"

"什么约定？"萍萍问。

妈妈告诉萍萍："我们列一个考核表，妈妈每天给你'10分'，你做得不规范或者做错一件事就要扣掉1分，如果帮妈妈做一件事就奖励一分。如果得分在5分以上，你就可以看20分钟《爱冒险的朵拉》，如果超过15分，你就可以看半个小时。"

《爱冒险的朵拉》是萍萍最近非常喜欢看的一个动画片。一听妈妈以此来和自己作为约定中的"砝码"，萍萍很爽快地就答应了。

第二天正式实施了，到了晚上，妈妈就指出了萍萍的几处错误：第一，喝完水，忘了盖杯子盖；第二，小便后，忘了冲马桶；第三，脱下衣服后，没有叠好，而是乱扔到衣柜里；第四，进门后忘了换拖鞋……还没等妈妈说完，萍萍就叫了起来："哎呀……怎么这么多，幸亏还没开始，以后我可得小心了！"

果然，接下来的几天，萍萍小心翼翼地做着每一件事。尽管也有扣分的时候，但一天比一天少了，而且得到的奖励还越来越多起来。

故事中，萍萍妈妈做得很不错，她为了培养女儿做事认真细致的习惯，运用了"奖惩"制度，并且严格遵守。这样，萍萍就会从中感受到"制度"的威力，做得不好，就认罚；做得好，就享有奖励。在妈妈的严格训练下，萍萍不但能够越来越细心，而且还更加懂得遵守约定的重要性。

其实，绝大多数孩子都会存在一些小毛病，如果父母不多留意，那么很容易助长孩子养成不良习惯。所以，我们不妨向萍萍的妈妈学习，利用日常中的一些行为，和孩子约定某种规则，并鼓励和监督孩子认真履行。这样，孩子既会做事有条理，又懂得规则的重要性，不会随便失信。

此外，通过和孩子约定某些规则，还有利于锻炼孩子的自律能力。因为在规则制约下，父母不必用口头语言再过多强调孩子要做到某件事情，这样孩子不仅更容易记住并遵守约定，还不容易产生逆反心理。所以，要想培养出一个守信用的孩子，父母就应该多从生活中的细节入手，制定某种规则，并鼓励孩子自己去做。这样一来，效果自然会好很多。

比如，当父母要求孩子做事情的时候，孩子可能会拖拖拉拉，说"等会儿再做"，可是过了很久，他也丝毫没有自己动手的意思。这时，父母出于疼爱孩子的心理，就干脆替孩子做完了。这样的纵容会使孩子养成懒散和没有时间观念的毛病。而正确的方法是问问孩子"等会儿"需要多久，让他明确说出一个时间，然后告诉他："说到就要做到。"

1. 多和孩子讲讲规则的用处

在陪伴孩子成长的过程中，父母可以利用日常小事，让孩子知道规则无处不在，一定的规则能保证人们更好地生活。比如，人们要遵守交通规则、游戏规则、竞赛规则，同时还可以反问孩子，如果不遵守会有什么后果？当孩子说出违规的后果后，说明他已经能够对执行规则给予重视了。

2. 教给孩子做事的方法

有时候孩子很想履行规则，但却往往因为不得要领，而得到"起个大早，却赶了个晚集"的结果。这主要是因为孩子做事方法不正确导致的。所以，父母要多培养孩子正确而合理的做事方法，锻炼孩子的自理能力，帮他找到又快又好的做事方法和规律，提高孩子的生活技能。

3. 培养自律精神

父母不妨和孩子一起商量制定家庭规则，以便共同遵守。例如，进别人房间前要先敲门；下棋玩游戏要按规则决定胜负，说错话或做错事时要礼貌道歉；看电视时不干扰别人。即使父母违规也要自觉受罚，让孩子懂得规则的严肃性。

4. 帮孩子养成遵守规则的习惯

俗话说，国有国法，家有家规。父母应该在平时生活中，多给孩子灌输遵纪守法的思想。如果从小养成了自律的好习惯，那么他将会克服很多不良嗜好，避免很多不必要的麻烦。

因此，在教育孩子的过程中，父母要时刻注重孩子自律能力的培养。对于孩子能够自己管好的事，父母可以多教一些方法，尊重孩子，赏识孩子，慢慢地，孩子就懂得如何对自己的事情负责，从而自然而然地就把这当作一种习惯了。

"冰冻三尺，非一日之寒"。要培养和提高孩子自律的能力，养成良好的自律习惯，父母们尚需一步一个脚印，从日常生活的点点滴滴做起。

🌸 给孩子一双善于观察的眼睛

琳达问妈妈:"阳台上的花和卧室里的花的叶子为什么不同呢?"

妈妈没有急于给女儿解释,而是找来一小瓶碘酒,给她做了一个实验。

妈妈用棉签蘸了一下碘酒,把它滴在经过阳光照射的叶子上,很快叶子就变成了蓝色,然后,妈妈又把碘酒滴在没经过光照的叶子上,而叶子的颜色没有任何变化。

这一结果引起了琳达的好奇,她睁大求知的眼睛望着妈妈,让妈妈给她做出解释。

妈妈说:"叶子变蓝是因为它有光合作用的产物——淀粉,而没有经过阳光照射的叶子,不会产生淀粉,所以就不会变色了。那么,你来分辨一下,这两片子,哪一片是卧室里花上的,哪一片是阳台的花上的呢?"

根据刚才观察到的实验结果,琳达迅速给出了答案。

看得出,琳达的妈妈是个细心又耐心的人,她能够及时激发孩子的观察力,并通过实际行动让孩子感受到观察的重要性,而且还因此让孩子学到一些知识。

可以说,观察力的强弱对孩子的成长是至关重要的。伟大的进化论创始人达尔文曾说:"我既没有突出的理解力,也没有过人的机警,只是在觉察那些稍纵即逝的事物并对其进行精细观察的能力上，我可能在众人之上。"这位从小就热衷于观察动植物的生物学家，运用善于观察的眼睛，经过20多年不断地观察积累，最终完成了《物种起源》。

在我们日常生活当中，有90%的外界信息，都是通过视觉获得的。面对同一事物，那些观察力敏锐的人，能够发现别人发现不了的问题，理解别人理解不到的地方。因此，他们也就能够较快地看出事物所独具的典型意义上的特征，进而抓住事物的本质。正如有位科学家所说："一个观察力强的人步行两公里所看到的事物，比一个粗枝大叶、走马观花的人乘火车旅行2000公里所看到的东西要多。"

也许父母们会说，孩子长着一双眼睛，从出生后就不停地到处张望，这不就是观察吗？实际上，这只能称作视觉的注视，算不上真正的观察力，而观察力并非天生具备的能力，它需要父母对孩子进行有意识地培养才能具备。

因为，观察力并不是普通意义上的消极视觉运动，而是知觉和思维相结合的积极活动。一个有着良好观察力的孩子，他的知识的积累往往会更快更好，他的思维能力也常常会强于同龄孩子，其智力的发展也会更加迅速。

1. 让孩子知道观察的目的

通常来讲，孩子很小的时候，单凭兴趣来观看令他好奇和有趣的事物，并没有很强的目的性。为了培养孩子的观察能力，父母就要给予引导，让孩子带着任务去观察。这样将直接影响他观察的结果。而且目的越明确，孩子就会观察得越细致，效果也会越好。

悠悠的爸爸是个有心人，他非常注重女儿观察能力的培养。每个周末，爸爸都会带悠悠去公园，临去之前，总会给她提一些小小的要求，比如，"今天你来看看有哪些花儿开了"、"我们走过的小桥是什么样子的，上面写了什么字"等，让女儿带着问题进入公园，回来后再进行回答，还引导和鼓励女儿写观察日记，将一天的见闻，或某个小细节进行描述。

经过爸爸的培养，悠悠的观察力明显强于同龄孩子。爸爸为此深感欣慰。

2. 引导孩子多观察日常生活用品

我们每天都要接触多种多样的生活用品，父母可以利用孩子常用的物品来激发他的观察兴趣，提高他的观察能力，让孩子明白很多日常生活用品都有它独特的作用和特征。比如瓷碗是用来盛饭的，瓷盘是用来盛菜的；杯子是用来喝水的，玻璃杯很容易摔碎，塑料杯却不容易摔碎，等等。

3. 经常带孩子观察自然景观

大自然中有很多值得我们观察的地方。观察大自然中的景观和变化，能够很大程度地提高孩子的观察兴趣和能力，比如观察江河湖海的区别，观察河水清澈和混浊的界定，观察自然界颜色各异的花草树木，发芽、生长、成熟衰败的种种变化。还可以让孩子观察春、夏、秋、冬四季不同，春天，气候温暖，草木发芽变绿，花朵开放；夏天，气候炎热，草木茂盛；秋天，天气转凉，树木的枝叶变黄，凋谢；冬天，气候寒冷，草木凋零等。

4. 为孩子准备一些图片

对于一些实际物体的观察，可能会存在一定的局限，不能让孩子看得仔细。但是没关系，我们可以为孩子准备一些相应的图片，让孩子通过图片来认识和观察。比如，大吊车的形状和工作原理是什么；哪些植物可以在沙漠里生存，等等。

另外，我们还可以将图片作为一种有目的、有计划、系统地培养孩子观察力的教材，比如寻找动物的藏图，寻找细微不同的对比图片等。由于图片是静止的，不会受到时间、地点和条件的限制，因此更能够巩固孩子的观察力，提供观察细节的机会。

观察不是简单地看，它是孩子智力活动的基础，也是一种善于全面、深入、正确认识事物特点的能力。这种能力将直接影响到孩子将来能否成才、成功。因此，作为父母，要培养孩子善于观察的眼睛，让他将生活中有意义、有价值的东西尽收眼底。

❀注意听，注意看，注意想

一说到伟大的科学家牛顿，我们都不陌生，很多孩子对他的事迹也会略知一二。

牛顿一生中的大多数时间都是在实验室里度过的，每次做实验，他总是通宵达旦，注意力十分集中，有时候一连几个星期都不出实验室，不分白天黑夜地工作着。

有一次，他和朋友约好来他家里吃饭，结果朋友来了，他还沉浸在实验中无法自拔。等了很久之后，饿着肚子的朋友只好自己到餐厅把准备好的午餐吃了。又过了许久，朋友见牛顿还没出来，他就把牛顿那一份也给吃掉了。

过了一会儿，牛顿从实验室出来，走到餐厅，当他看到自己的碗里只剩残羹时，不觉惊讶地说："原来我已经吃过饭了啊，我居然给忘了，难怪没有感觉到饿呢！"就这样，牛顿又重新回到实验室去忙碌了。

从这个故事中，我们不难看出，牛顿的高度专注精神令人何等钦佩。也正是他的这种精神，使他在科学领域取得了丰硕的成果，为后人留下了无数珍贵的经验。

由此想到我们的孩子，要想让他们拥有美好的未来，则一定要培养他们高度专注的能力，因为只有专注于一个目标，才能最终在这个目标上获得成功。

倾其一生从事儿童教育的斯特娜夫人曾经说过："孩子只有先形成一种专心的习惯，才有可能在日后对自己的事业全身心投入，而不会被其他事物给干扰。"

对于专注力，科学界也给出了这样的解释：高度专注的注意力包括三个方面："注意听"、"注意看"、"注意想"，注意还有四种品质，即注意的广度、注意的稳定性、注意的分配和注意的转移。也就是说，只有将听觉、视觉、思维活动都集中起来，并将它的广度、稳定性、分配和转移能力训练良好，将其统一指向所需关注的对象，才能达到良好效果，而对孩子来说，无论做什么事情，只有保持注意力，聚精会神，才能事半功倍。

可是现实情况却让我们头痛，那些家长的抱怨之声总是不绝于耳：孩子做事情总是不专心，看书、画画时一会儿要喝水、找东西吃，一会儿又看电视，玩玩具……

面对这种情况，父母们更多的是担忧和无奈：我真担心这样的状况会影响孩子入小学后的学习，不知该怎样培养孩子的专注能力？

其实，注意力是可以培养的，虽然先天的遗传因素对于孩子的注意力有一定影响，但后天的生活和学习的环境及所受的教育影响更为重要。所以，父母们应当根据孩子的身心发展规律与特点，为他们创造良好的教育环境，从小就有意识地培养孩子的注意力，帮助孩子养成良好的高度专注品质。

1. 为孩子营造安静温馨的环境

环境对孩子的影响是很大的，要想让他做事时高度专注，父母必须给他创造一个安静的、没有干扰的家庭环境。这样，孩子的心才能安静下来，沉稳地去做他该做的事。

具体说来，父母不要把孩子的房间布置得过于花哨，也不要放置容易分散孩子注意力的干扰物，物品的摆放也要整齐有序；当孩子看书或者做作业的时候，父母不要看电视，也不要大声讲话，更不要走来走去，以免打扰孩子。

2. 给孩子设定一个完成作业的期限

有的孩子常有作业拖拉的习惯，为了使他集中注意力，父母可以为他规划一下时间，比如根据作业量，告诉他几点到几点是做作业的时间，到时候必须完成。这样就会增强孩子的时间紧迫感，慢慢地让他形成学习规律。

3. 注重培养孩子对于专心的兴趣

一旦孩子尝到专心致志所带来的"甜头儿"，他就会逐渐产生兴趣。为此，父母可以通过鼓励、奖励等措施来帮孩子增添专心的兴趣，从而提高孩子的专注度。比如，当孩子按时完成了作业，而且做得很认真，父母可以通过言语表扬，也可以附加一些别的奖励。同时，还可以为他虚拟一个竞争对手，跟他说"谁每天晚上只需花一个小时就能完成作业，其余的时间还可以看动画片什么的"。

4. 锻炼孩子"只听一遍"的能力

我们常听到一句话叫"千叮咛，万嘱咐"，这也正是很多父母在教育孩子时的生动写照。他们总觉得孩子年龄小，有些事需要多嘱咐几遍，其实这会让孩子习惯于一件事听好多遍，因此逐渐变得漫不经心，因为他觉得反正父母还会再交代，不必太用心去听。

当他离开家人走进幼儿园或者学校这样的集体中时，老师不会像家长这样反复嘱托，这样就容易造成老师的讲课他无法很好地理解，也就无法取得好的效果。因此，父母从小对孩子交代事情的时候，尽量只讲一遍，以培养他集中精力听人讲话的能力。

俄罗斯教育家乌申斯基曾精辟地指出："'注意'是我们心灵的唯一门户，意识中的一切，必然都要经过它才能进来。"我们每个家长都希望自己的孩子将来能取得杰出的成就，但是要知道，"人才"的培养形成是一个复杂的过程，这其中包含着多种多样的成才要素，而其中高度专注的能力是不可或缺的。

面对说谎的孩子，怎么办

邱女士最近很是焦虑，因为她发现女儿居然很爱撒谎。对此，邱女士很是担忧，又不知道该怎样教育。为此，她将自己的苦衷发布在教子论坛里，希望求得家长和专家们的指点。邱女士这样写道：

以前，和邻居们一起聊天的时候，听一个邻居说他的儿子今年上初二了，特爱撒谎，撒谎的时候"面不改色心不跳"。当时，看到这位邻居一筹莫展的样子，我怎么也想象不出来一个10多岁的孩子会有那么深的"城府"。可是，就在最近几个月，我发现我们家一向被认为乖巧可人的女儿居然隔三岔五地变着法向我和她爸爸要钱。此时，我终于体会到当时邻居的心情。

因为中午的时候孩子不回家,我们就在学校附近给她找了"小饭桌",这样既可以解决孩子的饮食问题,还可以吃完饭后休息一会儿。我们怕她中午口渴,或者急需什么东西,就每周都让她带 20 元应急的零花钱。最开始一直挺好的,她从不乱花,还经常剩下。可是最近两月,她每到周三就开始说没钱买水了,或者想买什么零食。前两天,居然又跟我说,她不小心丢了 10 元钱,今天又说老师让买什么课外书。

刚刚一个和我女儿同班同学的妈妈在 MSN 上对我说,他儿子回家说我女儿的钱没丢,老师也没让买书,而是把钱给同学买生日礼物了。

看完这个故事,有的父母可能觉得,不就一二十元钱嘛,现在哪个家庭也都不在乎,让孩子随便花得了。但是,要知道这不是钱多钱少的问题,而是孩子的这种行为本身存在问题,需要家长及时制止并指正。

德国有句名言,生命不可能从谎言中开出灿烂的鲜花。孩子们在自己的谎言中得到了教训,他们失去了成功的机会,当谎言被拆穿时,羞得无地自容。只有诚实,才能让一个人的生命开出灿烂的鲜花。

如果察觉了孩子的撒谎行为,父母一定要引起重视,否则孩子一旦尝到撒谎的甜头儿,以后就会撒谎成性,到时候想改也难了。

所以,在对待这个问题上,父母先要保持冷静,最好找老师或者相熟的家长了解情况,可以多方面了解信息,进而判断孩子撒谎的动机。

不管是什么情况下的撒谎,父母都不要姑息迁就,及时告诉孩子这种行为是不正确的,正确的做法应该是什么。同时,父母还要注意自己平时的言行。如果父母不经意间在孩子面前撒过谎,那么就等于为孩子播下了撒谎的种子。

1. "堵住"孩子撒谎的嘴

一般情况下,孩子在犯错后,可能会出于一种本能的自我保护心理而撒谎。这一次如果没有被父母识破的话,那么他就会存有侥幸心理接着第二次、第三次撒谎。

因此,为了避免孩子养成撒谎的恶习,父母就要想方设法在孩子第一次撒谎后就严厉制止,以"堵住"孩子撒谎的嘴巴。要做到这一点,父母需要及时了解、询问孩子的表现,保持与学校老师的紧密联系。

2. 及时制止孩子有目的地撒谎

信任孩子并不等于无条件地放任自流,如果发现孩子撒谎,父母就要及时地、明确地指出他的这一行为,并告诉孩子应该怎样去做。

以清廉仁厚著称的北宋政治家、文学家司马光从小就是个诚实的人,他的这一优良品质得益于父亲的教养。

在司马光6岁那年,他家院子里的核桃快熟了,司马光就让姐姐摘了几个,并帮他剥皮,姐姐也剥不开。姐姐离开后,管家拿来一盆开水,把青核桃放进去烫了一下,核桃皮很容易就被剥了下来。姐姐回来后发现核桃皮被剥落,就问是谁剥下来的,司马光说是自己剥的。这件事被司马光的父亲知道了,非常生气地对司马光说:"明明是管家帮你剥的,你怎么可以撒谎呢?"这件事给他留下了深刻的印象。后来,无论是治学著书,还是为人处世,他总是十分诚实,丝毫没有半点虚假。

3. 对孩子的撒谎行为采取适当的奖惩措施

过程往往是事件最重要的一部分,家长切忌采取简单、粗暴的方式来教育孩子，"棍棒教育法"是不科学的。家长在教育孩子的过程中，不仅要看到孩子取得的成果，更要看到孩子努力的过程，并在孩子努力的过程中给予适当的表扬，尽量不要使孩子从撒谎中得到好处，要让孩子从自己的谎言中吃点苦头。对孩子进行惩罚时，要明确告诉孩子，之所以要惩罚他是因为他的撒谎行为，并告诉孩子犯错是难免的，犯错时应该如何去做；当孩子犯错后主动承认错误时，父母首先要表扬孩子勇于认错的行为，再告诉孩子如何才能做得更好。

4. 父母要做孩子言行一致的榜样

父母的行为会对孩子产生深远的影响，孩子会下意识地模仿父母的动作，吸收父母的思想，学习父母待人处世的态度。所以，父母在要求孩子诚实的同时，自己在日常生活和工作中一定要注意做到言行一致，诚实守信。对孩子或他人的承诺要认真履行，犯错后要及时承认错误，并认真改正。

不管多大多小的谎言，也一定要引起父母的重视。因为如果这次纵容了，就会在孩子心里形成"撒谎可以蒙混过关"的错误意识，逐渐地，孩子就会形成爱撒谎的不良习惯。

所以，面对孩子的谎言，父母要采取有效的方法，及时纠正。

❧ 腹有诗书气自华

刘星是个人见人爱的孩子，他在待人接物、举止谈吐方面都高出同龄孩子一筹，引来很多父母的羡慕和敬佩。

为此，很多父母向刘星的父母请教，到底是什么妙招让孩子这么棒？

刘星的父母往往淡淡地一笑，用简短的几个字来概括，那就是多让孩子看书。

刘星的妈妈张倩透露，她是这样引导儿子读书的：从孩子一出生，只要是醒着的时候，她都会给孩子读书听，慢慢地，她发现儿子在听妈妈阅读的时候会手舞足蹈，仿佛在享受一件优美的事情。

等儿子长到两岁后，张倩就开始给他买一些绘本，为他念上面的文字，并让他观察上面相应的图画；再到后来，她就开始给儿子讲故事；上了幼儿园后，她会鼓励儿子自己讲故事给妈妈听。

就这样，那一个个优美动听的童话故事陪伴着刘星成长的每一天。正是在这种熏陶之下，刘星的语言、写作等能力均得到了很大的进步。慢慢地，刘星自己也感受到读书带来的乐趣了。

刘星6岁那年，上小学了。这时候，张倩也开始逐步"放手"，试着吊吊儿子求知的胃口。比如，有时候她会把故事讲到一半，然后推脱说还有事急着要做，让儿子自己去看完。

虽然儿子不太高兴，但由于太想知道故事的结局，就努力地继续往下看。虽然还有很多字他并不认得，但没关系，有拼音帮忙，慢慢地，刘星就养成了自己看书的习惯。

现在，刘星快小学毕业了，而他看过的书也藏了满满的一书柜。这些藏书里，既有刘星小时候看过的故事书，又有后来的儿童小说、百科全书、儿童画报及杂志等。

在不断汲取知识的过程中，刘星的自信心也越发增强。如今，读书已经成了刘星生活中必不可少的一部分，在汲取知识的同时，也享受着阅读带来的快乐。

古人早就告诫我们，腹有诗书气自华。道理很简单，就是告诉我们，一个人多读书，读好书，那么他就会有不俗的气质。如果我们能引导孩子从小爱上读书，那么对他的一生都将大有裨益。

也许有的父母会说，现在学习任务这么重，还让孩子读书，是不是太辛苦了？考试又不考课外书上的知识，现在看也没什么用。

这些想法都有失偏颇。父母们不妨回想一下，在我们上学难的时候，一些喜欢读课外书的同学，他们的语文成绩总是很好；而不爱读书的同学即使天天闷头学习，他的语文成绩也不会特别突出。进入社会后，我们也不难发现，身边那些有着知性之美的人，大多都是喜欢和书打交道、有着良好的学习习惯。

其实，这些都应归于书的功劳。在阅读的过程中，孩子可以体验更为丰富的情感，积累更为丰富的知识，这些无疑会为孩子丰富各种知识和平添一份魅力，在孩子成长的人生历程中，不断提高内涵，在举止言谈中洋溢出一股书香之气。

既然如此,父母们就努力培养孩子阅读的习惯和兴趣吧!

1. 怎样让孩子爱上阅读

兴趣是最好的老师。在孩子幼年时期,认识多少汉字并不重要,而让他们对文字、对语言产生兴趣才是最为关键的。

父母要知道,虽然文字对于孩子来说是个新鲜的东西,但是长时间面对一个个的"小方块",会让孩子无所适从。但如果将文字和孩子的生活联系起来,那么孩子就能体验到文字可以给自己的生活增加乐趣和带来方便,学习的动机自然就强烈了。比如,当你带着孩子外出游玩的时候,到了游乐区时,看到门口竖立的大牌子,可以告诉他游乐场的名字;当带孩子去玩具店里的时候,你也可以告诉他,包装玩具的盒子上印的字是"消防车"、"芭比娃娃"等。

相信用不了多久,孩子就会主动地问这个怎么念,那是什么字。逐渐地,孩子就会对阅读产生浓厚的兴趣,而不会把文字看作枯燥的东西了。

2. 多抽时间和孩子进行交流

很多父母对于物质从不吝惜,可以给孩子买这买那,但却常常忽视了和孩子进行接触和交流。

为了培养孩子的阅读习惯和兴趣,父母可在孩子年龄尚小的时候,与孩子一起阅读童话故事,也可以和孩子一起编故事;当孩子大一些的时候,可以和他一起讨论和交流。

孩子在阅读过程中,可能会产生很多疑问,这时候父母就要尽力帮助解答。如果一时解答不了,也要向孩子说明原因,然后上网或者查找相关的书籍来寻找答案。

一旦孩子形成了良好的阅读习惯，那么他就会以阅读为乐，由此，孩子的知识面也就更加广泛，进而促进孩子进一步学习更多的知识。

3. 让喜欢读书的小伙伴来引导孩子

一些父母发现，自己给孩子买的书不少，可是多是成了摆设，孩子根本不喜欢看。

如果你也有类似情况，那么不妨找一个亲戚或朋友家爱读书的小孩，让他在你的孩子面前表现一下自己对书的喜爱。这样，会让你的孩子产生对书的兴趣。

所谓"近朱者赤，近墨者黑"，孩子们相互之间的影响力是巨大的，在他们的感染和影响下，孩子就会慢慢爱上阅读。

第六章　人际交往：
多做好事多交友，与人为善有教养

Chapter 06

良好的教养是什么呢？

简单地说，

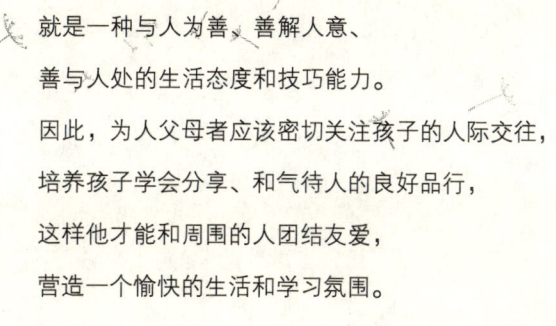

就是一种与人为善、善解人意、

善与人处的生活态度和技巧能力。

因此，为人父母者应该密切关注孩子的人际交往，

培养孩子学会分享、和气待人的良好品行，

这样他才能和周围的人团结友爱，

营造一个愉快的生活和学习氛围。

🦋 帮助孩子大胆走出去

小蕊妈妈曾不止一次对周围的人们夸奖自己的女儿,她说:"我们家小蕊从小就是我们小区的孩子王。她最喜欢的事情就是带着她手下的那一帮孩子玩,她是他们的主心骨,孩子们有了什么矛盾和纠纷总是要先找她来解决。甚至比小蕊大的孩子闹意见也需要请求小蕊的帮助,而小蕊竟然也能说服比她年纪大几岁的孩子。很明显,小蕊具有很强的交际天赋。"

在发现了这个事情之后,小蕊妈妈总是刻意地引导和鼓励女儿发挥这样的天赋,带她接触更多的人,让她招待来家里的客人,帮她去组织一些活动。

如今,小蕊已经成为一家大型企业的老总,手下几百名员工都以她为荣;小蕊的老公也是个事业强人,难得的是,他们俩相处得很好,彼此的忙碌一点也没有损害他们之间的感情。

应该说,小蕊的成长和事业、家庭的双丰收,同她从小就具备的交往能力是密不可分的,而这也得益于妈妈给予的良好教育和培养。

然而,并不是所有父母都能做到小蕊妈妈这样,他们不仅不去鼓励孩子积极地参与人际交往,而且还会阻碍孩子和外界的往来。他们的理由是,孩子要得到周密的保护,要时时刻刻不离父母左右。

殊不知,这种圈养的结果只能是孩子缺乏与人交往的能力,长大后难以融入集体环境中去。实际上，这对孩子的成长是有百害而无一利的。

要知道，在孩子的成长历程中，朋友扮演着非常重要的角色，孩子与朋友之间纯真的友情甚至会影响他的一生。

在孩子遇到困难与挫折的时候，朋友及时为他分担忧愁，出主意，鼓励他，支持他，帮助他走出逆境，在孩子快乐时，朋友分享他的快乐，使他的快乐加倍。孩子与朋友既欣赏彼此的优点，赞美对方，以对方为骄傲，又彼此相助，改善各自的缺点与不足。

通过和朋友相处，孩子会产生更多的生活体验，从中他可以学会如何与人相处，如何关心和帮助他人，如何解决与他人的矛盾，如何向他人学习……

一般来说，与同伴和谐相处的孩子，往往能够健康成长，而缺少朋友的孩子却容易发生问题。对孩子来说，他成长的过程，就是一个学习过程，而这种学习是在与其他人尤其是与同龄伙伴的交往过程中实现的。

1. 激励孩子与人交往的兴趣和欲望

当孩子体验到交往带来的快乐时，他就会更积极主动融入集体环境中去。为此，父母应多鼓励孩子和同龄人聊天、游戏、交往，绝不能借口要看书学习而忽视他参与人际交往的机会。如果孩子主动表现出交际需求，父母就要给予积极的鼓励；当孩子表现出对与他人交往的恐惧感和厌恶感时，父母就要耐心细致地与孩子交流，帮他缓解紧张感，并为他创造交往的条件。

需要提醒的是，父母千万不要为了保持家庭环境的整洁和安宁而将孩子的朋友拒之门外。

2. 为孩子的人际交往创造条件、树立榜样

孩子是父母的影子，父母是孩子的镜子。为了培养孩子具备高尚的交往品质、正确的交往动机和一定的交往技能，父母就要在这些方面做出榜样，从自我做起，主动积极参与健康和谐的人际交往，这样会给孩子一个明确的学习方向。

3. 教孩子学会"推销自己"

任何人都喜欢面对那些充满自信、有着阳光气质的人，孩子也不例外。所以，父母让孩子学会"推销自己"，这样等于赋予了孩子自信、阳光、乐观的性格，无论孩子走到哪里都更容易赢得别人的欢迎和喜爱了。

有一位妈妈常常告诉孩子："要想多交朋友，自己得主动着点儿，比如见到你喜欢的伙伴，可以对他说'让我们做朋友吧'，或者'我们一起玩吧'！"

孩子听了妈妈的话。当有一天幼儿园里来了一个新朋友时，他趁着自由活动的间隙，主动拿着自己那本《不一样的卡梅拉》来到这个小朋友身边，微笑着说："我们做朋友好吗？我叫林雨，我这套书可有意思了，咱们一起看吧！"不一会儿，这个叫林雨的小孩子就和新来的小朋友熟络起来。

4. 让孩子出门寻找勤工俭学的机会

父母应该给孩子一些在社会中增强与他人交往的机会，最好是鼓励孩子单独去面对这样的交际，而不是惧三怕四，要鼓励孩子独立解决与同伴交往中的矛盾和问题，鼓励他有自己的交际世界。

美国著名人际关系学家卡耐基说："一个人的成功15%是靠他的专业知识，85%则是依靠他的人际关系。"由此可知人际交往的重要性。人是群居的动物，每个人的生存和发展都与他人有着密切的联系。人际交往能力是每个人都必须要具备的能力。

有些父母不重视孩子的交友问题，认为孩子衣食丰足，要什么有什么，有没有朋友无所谓，这样想，真是大错特错。其实，父母应该做的是鼓励和支持孩子去结识更多的朋友，如此，孩子才能在整个童年和少年时期，完成一次健康的心路成长历程。

❖别让孩子变成"小霸王"

妍妍在周六的时候邀请了自己的好朋友来家里做客，几个小孩子在一起玩得非常开心。快到中午的时候，妍妍说："咱们接下来玩个游戏，谁输了谁就必须进行倒立。"这时候，有一个比较娇小的孩子站了出来："妍妍，我妈妈让我中午必须回家，再说现在都饿得不行了，咱们下午再玩这个游戏吧。好吗？"这时候，一向高傲的妍妍就说了："在我家你就必须听我的，我说什么就是什么，你中午不能回家，在我家吃饭就可以了。"

小孩子非常委屈："可是，我妈妈还在家里等我呢。"妍妍二话不说，拉着小女孩就往外撵："行了，下次不要来我家了，连我的话都不听。"小孩子也很生气："哼，我们以后不再是朋友了。"

这时候，妍妍的妈妈闻声赶来，了解了情况后，就对妍妍说："孩子，你应该体谅你的朋友，站在别人的角度想想，如果妈妈在家等着你，你却不回来，妈妈同样也会着急啊。"

妍妍的行为属于典型的唯我独尊。而生活中像她这样霸道无理的孩子却并不鲜见。

稍加留意，我们不难发现生活中常有这样一些小细节：

饭菜端上餐桌，孩子只顾着自己吃，把自己最喜欢吃的菜端到跟前，而不顾及家人；电视里播放自己喜欢的节目时，坚决霸占遥控器，不允许任何人换台；在学校里，发现课桌上布满灰尘，径直拿别人的书本来擦干净……

孩子们之所以如此，主要还是家庭教育方式不当导致的。

有的家长害怕孩子受到伤害，在孩子犯错误的时候，采取睁只眼闭只眼的做法；当自己的孩子和小伙伴吵架的时候，家长不去教育孩子，而是安慰孩子不要难过；当孩子支使爷爷奶奶或者外公外婆去做事的时候，父母虽然嘴上说要尊重长辈，但却没有制止孩子的行为……这种无原则的宠爱，很容易助长孩子"以自我为中心"的错误心理，反过来这种心理严重阻碍了孩子的健康成长。

另外，还有一些父母在教育孩子的时候，总是告诉孩子他该怎么做，而很少引导孩子从别人的角度出发。这样一来，孩子会在无形中养成"以自我为中心"的性格习惯。

应该说，当今社会，孩子"唯我独尊"的心理已经越发严重，成了广大父母们迫在眉睫的难题。

那么，要想让孩子摒弃这种唯我独尊的行为方式，就需要父母及教育工作者多下一些功夫，在孩子很小的时候就不断关注他的心理以及心理的成长，培养孩子为别人着想的习惯。

1. 让孩子知道"他人"很重要

要想让孩子远离"唯我独尊"的心理，父母不仅要告诉孩子应该怎么做，而且也要让孩子知道他的行为会给他人带来怎样的影响。换句话说，父母要引导孩子想到"他人",让他明白他的行为不仅和自己有关,而且和"他人"也有着极其密切的关系。

读初二的马飞要和几个同学一起野炊,出门之前,妈妈细心地叮咛着,嘱咐儿子不要调皮,要遵守交通规则,要注意安全等。马飞对此却很不耐烦,他没好气地说道:"妈妈,我知道了,你就不用管了。"这时候,一旁的爸爸搭腔道:"飞飞,你还要记住,到了目的地给家里来个电话,晚上记得早点回家,我们在家里会惦记你的。"

显然,马飞的妈妈只告诉了孩子"自己"要如何做,而他的爸爸则让孩子学着为"他人"着想,让他知道他的行为和妈妈也有关系。马飞的爸爸的做法既会让孩子注意到自己,也让他知道了"他人"的重要性。如果父母们都能够像马飞爸爸这样引导孩子,那么孩子的"利他行为"就会不断增加。

2. 让孩子学会换位思考

在成人的人际交往中,换位思考是不可或缺的重要品质。简单来说,换位思考就是站在别人的角度去看问题,而不是只顾及自己的得利与否。由于家庭教育方式不当,使得很多孩子根本不懂得站在别人的角度看待问题。

林静是个7岁的女孩,一次和妈妈上街经过天桥的时候,她看到一个挂着拐杖的残疾人缓慢而艰难地上着台阶。林静抿嘴笑了笑,对妈妈说:"那个挂拐杖的人上台阶的姿势难看死了。"

妈妈严肃地对林静说:"静静,这样说话是不对的,那个叔叔的姿势是不好看,但是他作为一个残疾人,能够凭借自己的力量一步一步登上台阶,是多了不起的事！如果让叔叔听到你这样的评价，他会很难过的。"

听完妈妈的话，林静惭愧地低下了头。

3. 在生活中引导孩子明白自己的行为对"他人"的影响

教育源自生活，培养成于点滴。父母们不要高谈阔论，而只需在生活中的一件件小事上给孩子正确地引导，即可把你的孩子培养成品行高尚的人。

比如，当孩子主动打扫干净房间后，父母不要只说："宝贝真能干，把房间打扫得这么干净。"而应该说："宝贝真能干，把房间打扫得这么干净，谁进来都感觉很舒服的。"这样的夸奖，不仅让孩子感到自己很能干，还会让他知道自己的行为可以给别人带来好处。

只要父母多用心思，注重一点一滴中对孩子的正确引导，那么你的孩子就能够告别唯我独尊的错误心理，成为一个能够站在他人角度思考问题的人。

❧ 与人分享，是一件快乐的事

曾经有一位长老非常钟爱打高尔夫球。在一个本该休息的日子里，这位长老却按捺不住，一定要去打球。

当他来到高尔夫球场，空旷的球场上空无一人。为此，长老很高兴，他心想：反正也没人发现我在打高尔夫球，我只打到第九个洞就回去，应该没什么问题吧！

于是，他开始放松地打球了。可他刚打第二洞时，就被天使发现了。天使很生气，就来到上帝面前，向上帝诉说了他的罪状，让上帝惩罚他。

上帝答应了天使。

这时候，长老正在打第三洞。这一杆打得很完美，他只是轻轻地一挥球杆，球就进洞了。见状，长老高兴极了！

天使默默地观察着。让她惊讶的是，接下来的几杆，长老都是如此顺利。

天使很困惑，也很生气。她又来到上帝面前说："上帝呀，你不是说要惩罚他吗？怎么没什么动静呢？"

上帝说："我已经在惩罚他了！"

天使又回过头看了看长老，这时候，由于长老打得太过兴奋，早已忘了自己定下的只打九洞的计划，决定再打九洞。天使不解地问上帝："我怎么没看见您在惩罚他呢？"上帝笑而不语。

待这位长老又十分完美地打完九洞，他脸上高兴的神情立刻来了个一百八十度大转弯。

上帝微笑着对天使说："你看见了吗？他打得如此完美，心里高兴至极，却不能和任何人分享他的喜悦，这难道不是最好的惩罚吗？"

这虽然只是一个故事，但其中蕴含的道理却不得不令我们深思。的确，一个人就算是取得再大的成就，如果没人与他分享，那真是莫大的悲哀。

在生活中，不难见到有这样一些孩子，他们自我意识特别强，也特别吝啬，从不将自己的东西和别人分享，甚至父母也不能碰一下。

孩子之所以如此，都是由于父母长辈的过度疼爱导致的，他们把孩子当成"小皇帝"、"小公主"一般对待，凡是好玩的、好吃的均由孩子一人享用。久而久之，在孩子幼小的心灵中产生一种"以自我为中心"的意识，认为一切都是我的，慢慢养成了孩子自私自利的不良心理习惯。

这样的孩子当进入集体生活中时，将很难适应那种以平等身份与他人交往的环境，也就难以和他人建立良好的伙伴关系。

因此，父母们就应该从小培养孩子懂得与他人分享的好习惯，让孩子拥有健全的人格，获取同伴的友好相待。

1. 坚决杜绝孩子的自私行为

在家庭生活中，父母务必杜绝孩子自私、霸道的行为，不给他任何特殊待遇。如果孩子坚持占有公共物品，比如漂亮的梳子、舒服的餐椅，等等，父母要告诉他，那是全家人的，家里的人都有权利动，经历过几次碰钉子的事情后，孩子就不会认为自己占有所有好东西是理所应当的了。

另外，孩子的学习大多是从游戏中获得的，家长可在游戏当中与孩子一起扮演不同的角色，识别不同行为的对错，让孩子在游戏中克服自私心态，建立起有效的分享观念。比如，让孩子扮演一个想玩别人的玩具时，却被拒绝的小客人，体会被拒绝的痛苦；或者让孩子扮演接待小猫的小主人，将自己吃的东西要分给小猫吃，玩的东西要和小猫一起玩，让孩子从分享行为中获取到快乐等。

2. 从孝敬长辈做起，从生活小事做起

父母要注意培养孩子孝敬长辈、先人后己的好思想。比如，平时吃水果时，让孩子先给爷爷、奶奶、外公、外婆拿，再给爸爸、妈妈拿，最后才是他自己的。即使做不到这样，也尽量把好吃的东西一起分享，而不要让孩子自己独占。

同时，父母可让孩子自己做他力所能及的事，帮忙分担一些家务，从中他会体会父母的艰辛，这样也可以让孩子养成体谅他人的好习惯。

3. 学会快乐地分享，做孩子的好榜样

日常生活中，父母不舍得与人分享，孩子耳濡目染就理所当然地认为，自己的东西，干吗要与别人分享！

因此，想要改变孩子的自私心理，单纯的口头教育是没有效果的。只有以身作则，学会快乐分享，做孩子的好榜样，孩子才能懂得分享的道理。例如，当自己得了奖金时，不妨请同事们"撮一顿"，最好还能带上孩子，让他看到自己的大方；有了一幅名贵字画也不要藏着掖着，可以邀请好朋友一起到家里欣赏。如此，孩子自然会模仿父母的行为，也会与他人分享自己喜欢的东西。

一天，智森和小伙伴在小区游乐场打羽毛球。这个时候，他的爸爸从一旁经过，他急忙拉住爸爸，说："爸爸，和我一起打吧！"不过，爸爸却显得非常着急，只是说了句："你和小朋友玩吧！"然后就走开了。

可是，爸爸没走几步，忽然意识到，儿子难得叫自己一起打羽毛球，干吗拒绝他呢？于是他又拐回去。智森看到爸爸回来，之前的沮丧一扫而光，拉着爸爸一起打羽毛球，度过了一个美妙的下午。

这时候，爸爸才明白，孩子的快乐也是需要和父母来分享的。于是，从那之后的周末，他都会和儿子一起玩一会儿，一起收获父子同乐的喜悦。

渐渐地，智森的朋友越来越多了，而智森在朋友们面前表现得大方得体、礼貌谦让，成了不折不扣的"孩子领袖"！

4. 及时提醒与表扬，让孩子视分享为快乐

不管孩子说出什么借口，只要体现出他的自私时，父母都应及时提醒他："孩子，你这么做可不好。你看，你的朋友显得多么失落啊！"当然，这种提醒应当在轻松愉快的气氛中进行，而不是板着脸训斥孩子。如果见到孩子和小伙伴们分享自己的玩具或者零食，父母也要立即赞扬，告诉孩子："你真是个懂得分享的宝宝，做得很好！"这番话，就会让他明白这是好的行为，把分享看成快乐的事。

日本有位名叫森村诚一的作家曾说过："幸福越是与人分享，它的价值便越会增加。"其实，懂得分享的孩子都会比独自斟饮心情的孩子生活得快乐，而且更加自信和独立，这样自然会拥有良好的人际关系，拥有美好的童年。所以，我们要教育孩子从小学会分享，坚决杜绝"自私"的现象。

❀ 换位思考的孩子人缘好

"五一"假期里，妈妈准备带着6岁的女儿朵朵去颐和园游玩，正要出门的时候，邻居家4岁的蓁蓁闯了进来，要和朵朵姐姐玩。

没等朵朵说话，蓁蓁就拿起茶几上的玩具玩了起来。

见蓁蓁这样，朵朵的脸拉得很长，一把夺过蓁蓁手里的玩具，并命令她赶紧出去。

妈妈见女儿这样，赶紧过来制止，她对朵朵说："宝贝，蓁蓁该多难过呀！你假想一下，如果你去找蓁蓁玩，蓁蓁不让你玩她的玩具，而且还往外撵你，你会高兴吗？"

朵朵摇摇头说："当然会不高兴了！"

妈妈接着说道："如果蓁蓁没那样做，而是说，我马上要去动物园，不过我争取早点回来，然后咱们一起玩。你会怎么想？"

朵朵回答说："那我就会说，好的，我等着你，快点回来啊！"

见女儿认识到了自己的行为不对，妈妈趁热打铁，继续说道："那你再仔细想想，你把蓁蓁粗鲁地推出家门，她会不会难受？你这样做对吗？"

朵朵惭愧地低下了头，懊恼地说道："蓁蓁肯定会不开心的，我以后再也不这样对待别人了。"

朵朵的妈妈用耐心和智慧，巧妙地引导着女儿学会换位思考，学会体会他人的感受。任何一个孩子如果经常受到父母这样的引导，都会逐渐改掉自私、小气的行为，而成为一个懂得尊重他人，也会因此而赢得他人尊重的好孩子。

我国古代圣人孔子有言："己所不欲，勿施于人。"实际上，这句话就是告诫我们要学会换位思考，多站在别人的立场去体谅别人的感受，理解和善待他人。

我们的孩子在生活中，由于各自生活环境、年龄、性格等有所不同，会产生不同的心理感受和反应。如果他们不懂得换位思考，不会替他人着想，就很难理解他人，与他人建立良好的关系，甚至还有可能会给他人带来伤害。

事实上，孩子的本性是单纯善良的，他们对自己说的一些话和做的一些事，根本意识不到那会对别人造成伤害，所以当他们知道自己的话语和行为伤害到别人的时候，他们的心里实际上也会难受，并且会反省。之所以有些孩子会屡教不改，主要原因还是和家庭教育方式及环境有关。所以，父母一定要选择正确的教育方式，才更有助于孩子改正那些不良的品行。

1. 举例说明，通过假想情景来引导孩子

父母可以利用孩子喜欢的童话故事，或者周围熟悉的人和事物，列举相关的例子，通过假设、打比方等方式，引导孩子设身处地地站在别人的角度考虑问题。上面故事中，朵朵妈妈就是采取的这种办法，父母们不妨多加借鉴，这比枯燥的长篇大论效果要好得多。

2. 不批评、不放任

不少父母在遇到孩子因无法容忍别人而发脾气哭闹的情况时，往往采取先批评制止，再讲道理的方式。但实际上，这种方式效果并不明显。孩子虽然在你的严厉批评下承认了错误，但要知道，这只不过是迫于你的威力，他的内心未必能够服气。

在他不能对你心服口服的时候，再对他讲道理，孩子是听不进去的。所以，面对类似情况，父母不要批评，不要压制，也不要置之不理，而应该以情感人，让他先去体会一下别人的感受，进而逐步领悟错在哪里，自己应该怎样做才对。

3. 父母和孩子之间也要换位思考

面对孩子出现的问题，父母不要一味地指责孩子，而应该适当地站在孩子的角度替他考虑一下，怎样做孩子才容易接受和改变。这样，孩子和父母之间就会多一些理解和关爱，少一些摩擦和矛盾。

任何好品质和好习惯的培养，都不是一蹴而就的，而是需要潜移默化地渗透。在做到以上几点的同时，父母不要忘了自身的修养。我们常说"父母是孩子的第一任老师"，一个懂得换位思考的父亲或者母亲，才能为孩子树立榜样，激发出孩子内心最美好的情感。

❈ 相互理解的力量

卓岩由于受到父母的良好教育和培养，他的智力发育和知识层面均高出同龄孩子一些。仗着自己的聪明才智和丰富的知识，卓岩养成了一副傲慢的态度，对一起玩的小朋友经常横挑鼻子竖挑眼，经常让别人很难堪。这样一来，自然是小朋友们越来越疏远卓岩，卓岩开始感受到了孤单。

一天，卓岩无精打采地回家后，对妈妈诉苦道："我们班的同学一见到我就躲开，不知道是怎么回事。"

妈妈了解自己的孩子，也曾经帮他指出过傲慢的危害，但卓岩毕竟是个小孩子，一些东西并不是大人怎么说他就怎么做。直到这次，卓岩真正感觉到问题的严重性了。妈妈也趁此机会，更加认真地和卓岩讨论起来。

卓岩的妈妈说："在爸爸妈妈和老师以及周围亲戚朋友的眼里，你一直是个不错的孩子，在各方面都取得了优异的成绩，这些的确是值得你骄傲的。但是你要知道，要是想有所成就，要想活得快乐，是离不开朋友的支持和帮助的。现在，你因为自己取得的优异成绩骄傲起来，总觉得自己比周围的孩子都有本事，这样其实挺愚蠢的，会让小朋友们远离你。妈妈希望你能够融洽地和别人相处,理解别人的处境,而不是在人家面前摆出一副高人一等的姿态。"

听完妈妈的话,这次卓岩似乎突然明白了其中的道理。从此,在其他小伙伴面前,卓岩开始表现出谦虚的态度,而同时他也获得了别人的接受和尊重。

我们常说"理解万岁"!的确,在与人打交道的过程中,理解的力量不可小觑,它能带来宽恕,能带来和谐。为此,在孩子与同伴交往的过程中,父母要特别注意引导孩子理解和宽容自己的同伴和自己的竞争对手,帮助孩子学会不忌妒比自己强的同伴,不嘲弄比自己"差"的同伴和不故意为难自己的竞争对手。孩子真正学会了理解,才能真正做到向比自己强的同伴学习,帮助比自己"差"的同伴,学会与竞争对手合作。也只有通过交往,他们才能体会到宽容的意义,体验到宽容带来的快乐。

应该说,孩子懂得理解他人,这是一种非常成功的素养教育。因为理解,孩子懂得了接受,懂得了包容,甚至懂得了对别人过错的原谅。而这种感情对于孩子个性的健康发展,尤其是情感的健康发展,以及对于孩子良好人际关系的建立有着非常重要的意义。

对父母们来说,幼小的孩子就是黏土,而自己对孩子的教育就是"模子",你给了他怎样的轮廓,他就照着怎样的轮廓成长。所以,为了孩子一生的幸福,同样也是为了孩子的学习,为了孩子将来能有所作为,我们应当教孩子学会宽容,学会理解他人。

1. 为孩子树立榜样,做懂得理解他人的父母

孩子小时候,陪伴他最多,影响他最多的就是父母,而孩子理解他人的能力也主要来源于父母。孩子最初学到的待人接物的方式基本上都来自于父母，如果父母是个宽容大度、和蔼可亲、待人友善，能和同事、邻居友好相处的人，那么孩子就会学着父母的样子，和他的小伙伴或者同学们相处融洽，也会变得宽容、善良、乐于与人相处。

2. 让孩子懂得"心理换位"

心理换位指的是当双方发生矛盾后，各自能站到对方的角度上思考问题，认真考虑一下对方为什么会这样做事、这样说话。如果真的能够做到这一点的话，就能够理解对方，就能够减少很多不必要的矛盾。

现实中我们发现，许多孩子只习惯于从自己的角度思考问题，而不习惯于站在别人的角度上思考问题。这对于孩子理解他人，赢得他人尊重会产生不利影响，所以要尽可能消除这种现象，而最好的办法就是"心理换位"。

孩子如果能够站在父母的角度上考虑问题，就会了解父母对于子女的良苦用心；如果站在老师的角度上考虑问题，就会理解老师这一辛勤园丁培育"花朵"的艰辛；如果站在同学的角度上考虑问题，就会觉得大多数同学是可爱可亲可交的。由此可见，教孩子学会心理换位是非常必要的。

3. 教孩子学会理解"人人都有缺点"

俗话说，"金无足赤，人无完人"，有缺点和不足乃是人性的必然。无论是和同学相处，还是和朋友相交，告诉孩子完全没有必要求全责备。正确的做法应该是学会理解人人都有缺点这一事实，彼此之间完全可以求同存异。只要同学和朋友的缺点不是品质方面的，不是反社会的，就没有必要事事计较，事事都讲个公平合理。

需要向孩子说明的一点是，理解他人并不代表懦弱，也不是盲从和人云亦云，而是明辨是非之后对同学、朋友的退让。同时还要让孩子知道，理解他人并不是要对坏人坏事的妥协，对待坏人和得寸进尺的人是没有必要报以理解之情的。

❦ 了解和满足他人的情感需要

其实，我们每个人都有自尊心，都希望他人能够理解和尊重自己。就像俄国著名教育家别林斯基曾说过的："自尊心是一个灵魂中的伟大杠杆。"

在人与人交往的过程中，被人尊重是一种权利，尊重他人是一种美德。所以，在培养孩子的过程中，父母不仅需要让孩子学会正确地认识自己，而且还要让孩子能够认识、了解和尊重与之有关的人。只有对别人的心理有所了解，才能了解别人的需求，并让自己尽力去满足对方的某些要求。这样，我们的孩子才能获得理想的人际关系。

具体说来，人的情感需要大致包括以下几个方面，我们先来了解一下：

1. 受人尊重的情感需要

得到别人的尊重是每个人的一种心理需求。特别是当今社会，人们的民主、自由、平等的意识日益增强。从每个人的心理来看，都不再希望被动地接受摆布和指挥，而越来越喜欢表现自我，张扬个性。可以说，得到别人的尊重和对自己价值的肯定的心理需求日益强烈。

2. 得到他人关怀的情感需要

关怀能让人感到温暖，在生活中，每个人都希望得到别人的关怀。但遗憾的是，不知从什么时候开始，更多的人在别人痛苦和需要关怀的时候报之以冷漠。当别人需要关怀时，我们若无其事地走开；当别人需要帮助的时候，我们选择了视而不见……或许这是因为现代生活节奏太快，人们已经没有更多的精力投入到顾及他人的需要上去，久而久之，人们之间的关系也就越来越疏远，以至于无法再亲近了。

为了让我们的孩子避免这样的"铁石"心肠，也为了他们能够拥有一个更加和谐、圆融的生活环境，作为父母，我们还是有必要教给孩子学会对他人给予关怀，当这种温馨的举动呈现得多了，我们生活的周围便会弥漫更多的温情和爱。

3. 获得他人同情的情感需要

"同情，是所有人类最渴望的东西。孩子会急着展示伤口给你看，来赢得你的同情。其实成人也一样，总是喜欢谈自己真实而虚构的种种不幸，来争取你的同情。"这句话出自美国著名成功学家戴尔·卡耐基之口，他旨在告诫我们，要想赢得友谊，化解矛盾，我们就要教孩子学会同情他人的立场和愿望。

4. 得到他人激励的情感需要

有人把激励比作太阳，有了它才能把人内心深处的阴暗角落照亮，能够让人鼓足勇气，不断向前。所以，为了我们的孩子能成为他人心中的太阳，我们要让他了解别人对于激励的需要。这样一来，不但别人会因为我们的孩子给予的激励而振奋，而且我们的孩子本身也会从中受益良多。

了解了别人的情感需求，只是做到了一半，接下来，我们了解一下怎样让孩子学会满足他人的情感需要,这对孩子维持和促进良好的人际关系将大有裨益。

1. 让孩子多加强人际之间的交往

如果一个人两耳不闻窗外事,跟谁都不打交道,那么他将无法令彼此进行了解,建立友谊。所以,要想让孩子"懂"别人,我们得鼓励他多参加人际交往,而不要让孩子养成孤芳自赏,或者沉默寡言、离群索居的性情和习惯。只有多和别人交往,才能向别人敞开自己的心扉,也才能了解到别人的需求所在,从而激起彼此情感的火花,让心灵得到沟通,让了解得到增强。

2. 别对任何人抱有成见

任何人和事物都是不断变化的,所以不要让我们的孩子因为别人的"第一印象"不好就将其全盘否定。尽管人的职业、家庭、经历可以作为认识、了解别人的参考,但决不可作为判断的依据。再者说,一个人由于受到环境、阅历的影响,现在的他可能和过去的他完全两样,将来的他也同样很可能和现在大不一样。这就要求父母们要告诉孩子,不要对他人抱有成见,而应冷静分析,做到客观地看待他人和周围的事物。

3. 尽量消除情绪因素

情绪经常会左右我们的情感,比如,当我们开心的时候,觉得山水都为自己而欢乐,而当悲伤的时候又觉得阳光刺眼,云月悲戚。同样地,当心情舒畅时,我们会觉得他人的言行甚是可爱;而当心情烦躁时,又会感到别人的言谈举止着实可憎。

因此,我们要尽量让孩子避免情绪对情感的影响,防止他把自己的情感色彩"涂绘"到认识对象身上去。那样无异于用自己的情感歪曲别人的情感,对彼此人际关系的建立有害无益。

一位哲人说:"人们寻求他人的理解和尊重,就像花儿渴望阳光那样迫切。"无论是求人办事还是与人交往,理解和尊重是很重要的。

所以,我们要让孩子知道,无论何时何地,都要努力去理解和尊重别人,并且要向对方传达自己的理解和尊重,以此来向对方传达"我知道你的感受"或者"我很理解你的心情"。这样,你的孩子就会更受欢迎和尊重,也会获得别人的理解和帮助。如此"双赢",何乐而不为呢?

❀ 让孩子体会合作的快乐

梁斌是个篮球健将,被同学们称为"灌篮高手"。一般只要有他在,团队都会赢得比赛。

曾经有外校很牛的篮球队都被梁斌打败,他们询问梁斌,除了自己的作战技能,还有什么绝招让整个团队超水平发挥。

梁斌呵呵一笑说道:"篮球讲究的是团队作战能力,我自己的水平再好,没有整体的协作肯定不行。我虽然是'前锋',但为了取得好成绩,我们都会找一个最得力的人做'组织后卫',这样大家就不会乱打一气,而是能够互相配合,齐心协力。"

对手听后,赞许地点点头。因为他想到了自己的球队,虽然不乏精兵强将,但有个别人喜欢自己出风头,不注重团队协同作战,这正是对手比梁斌他们欠缺的地方。

现代社会，任何集体活动都离不开团队精神，用人单位在招聘人才的时候也会特别强调要具备团队协作能力这一项。

可是父母们想想看，在陪伴孩子的成长过程中，我们有过鼓励孩子牺牲一部分自己的利益去成全集体的时候吗？相反，生活中有许多家长经常教育孩子遇事多为自己着想，别做"傻帽"。

父母们或许还不清楚，现今社会已不再像过去的大锅饭时代，不管在哪个集体哪个团队里，最终能够脱颖而出的都是懂得牺牲、拥有集体荣誉感的人。或许他的业务能力不是那么突出，但他一定是个好的沟通者和领导者，有能力让团队有效地发挥最大优势，走向一个又一个成功。

在自然界，同样有着协同作战的现象。我们看到，每年秋天，大雁们都要飞到南方去过冬，它们往往整齐地排成V字形，在天空中飞行。

为什么大雁要这样飞行呢？仅仅是一种习惯，或者是为了"好玩"吗？

其实不然。科学家经过研究得知：大雁排成队列飞行，当前面的大雁拍击翅膀时，就会为后面的大雁制造上升气流，减轻后面大雁飞行的阻力；当领头的大雁疲劳时，就会轮换到"V"字形队伍的尾部，让另一只大雁占据领头的位置。后面的大雁发出"呷呷"的叫声，给前面的大雁鼓劲。

对于大雁的聪明和协同作战，我们不得不佩服！对大雁来说，互相合作不仅仅是一种精神，更是一种获得更好的飞行和生存的技巧。

其实，在这一点上，我们人类和大雁并无分别。如果我们能够学会与人合作，肯定会大大提高办事的效率。

既然这样，父母们有必要下一些功夫，从小注重孩子这方面能力的培养，为他将来更好地融入集体，更好地实现自己的目标而打好"软基础"。

1. **通过游戏培养孩子的合作意识**

孩子离不开游戏,而游戏正是培养他们团队精神的好方法。父母可有意识地鼓励孩子多和小伙伴一起玩游戏,也可以让孩子和父母一起玩,比如相互传球,一起踢毽子,等等。当孩子玩出了感觉,他就会体验到集体活动的乐趣,和他独自一人玩耍的感觉是不一样的。这样孩子就喜欢和他人进行交流,也会更加喜欢集体活动。

2. **使孩子体验到"单独奋斗"的挫折感,明白合作才会力量大的道理**

在孩子的日常生活中,很多时候是需要两个或者更多的人配合才能完成一件事的。比如,一个小朋友霸占一小堆积木搭不出什么好看的造型,而大家合作,让积木充分利用,就能共同砌出各种好看新奇的造型。当孩子体验到"单独奋斗"的挫折感,同时也感受到合作带来的好处后,他就会爱上合作。

3. **教会孩子参与合作的技能**

但凡合作,都是要个性服从共性,个人服从集体的。"共性"意味着孩子必须学会约束自己,以求得团队利益的最大化。

这就要求我们的孩子要有爱心,要有牺牲精神,还要有与人交往的技能。如果这些技能不具备,那么孩子的合作是不会愉快,也不会持久的。

如果把生存看作一门艺术,那么它的第一要义就是合作。在现今社会里,大到一个项目的合作,小到幼儿园小朋友的集体游戏,都离不开"合作"二字。总的来说,一个人的力量是单薄的,只有善于团结合作才能凝聚强大的力量,完成一个人无法完成的事情。相应地,一个具备合作精神的孩子,能够更容易融入集体生活,更容易适应这个社会。

❀ 异性交往中，距离产生美

巧玲是个活泼开朗的女孩，周围有很多好朋友，不管男生还是女生，巧玲都能和他们打成一片。

冬天的时候，学校里开设了晚自习，巧玲由于人缘儿好，每天都有"护花使者"相送。性格外向的巧玲和他们一路说笑，有时候还和要好的男生搭着肩。

一天晚上，别的同学都因为其他事情没和巧玲一起走，只有毛峰自己送她回家。

走着走着，毛峰就把手搭在了巧玲的身上。由于巧玲平时习惯了和他们打闹，所以没有在意，但是到一段没有路灯的路上，毛峰却抱住了巧玲。

巧玲被吓了一大跳："你做什么啊？吓死我啊。"

毛峰则说："没事，我怕你害怕啊，我抱一下能怎样。"

巧玲捶了毛峰一拳继续前行。

不管男孩女孩，当他们进入青春期阶段，由于自身生理和心理上发生了很大的变化，他们对异性产生了很强的好奇心，在那种好奇心的驱动下，他们会慢慢地接触更多的异性，而这个时候孩子还不懂什么是真正的爱情，也不懂得在与异性交往的过程中怎样保护自己。

针对这个问题，很多家长都首当其冲地担负了责任，时刻注意着孩子的行踪，甚至杜绝孩子与异性交往。殊不知，父母的这一做法是不明智的，这样会让孩子产生很强的逆反心理，让他们对异性的好奇心加重，甚至做出难以想象的事情。

其实，正常的异性交往不仅有利于孩子的身心成长，还有利于孩子的学习。一般来讲，男孩身上的刚强、勇敢、独立恰恰可以弥补女孩身上的缺点，而女孩身上的温柔、细腻同样也可以让男孩的性格得到完善。如果两者可以保持最恰当的距离，不仅不会对彼此造成伤害，还可以在情感上、学习上以及很多方面形成完美的互补，对孩子的成长是非常有利的。

然而，很多父母却没有认识到这一点，只要孩子一说到异性同学怎么怎么样，父母的神经就会拉紧，时刻注意孩子的一言一行。只要发现孩子与异性交往，就会果敢地给孩子贴上"早恋"的标签，坚决阻止孩子与异性交往。

由此一来，孩子们纯洁的友谊遭到了破坏，在他们的心中会产生很多的不满，甚至给孩子的青春生活留下很多的伤害和无法弥补的遗憾。

作为孩子的父母，在孩子与异性交往的过程中，不可以完全否定他们的友谊。因为孩子与异性交往并不是像父母想象中那样是在恋爱，异性之间同样也存在友谊。在这个时期，父母可以做的，不是阻止孩子和异性往来，而是给孩子进行正确的引导，告诉他们，与异性交往的时候要保持适当的距离。只有这样，孩子才不会怨恨父母，同时，自己也学会了怎样与异性交往。

1. 引导孩子学会自律，正确认识异性交往

无论在生活中还是学习中，孩子总会和异性朋友打交道。作为父母，应该支持孩子与异性交往。但是，在与异性交往的过程中，一定要让孩子学会自律，只有自律才可能取得成功的异性交往，才能获得纯洁的友谊。

在孩子成长的过程中，让他们遵守异性交往的规则，可以使其避免很多不必要的伤害，使他们安全健康地成长。

平时，父母可以利用和孩子一起看媒体报道或者电视剧的时候，针对某个环节，让孩子发表自己的看法，以此来提高孩子的自控能力。当孩子拥有了自控能力，他在与异性交往的时候就不会跨越警戒线，就可以规避很多不必要的麻烦和侵害。

另外，在与孩子进行交流的时候，父母完全没有必要禁忌什么，可以把自己的身段放下，像朋友一样和孩子交谈，可以开诚布公地谈论爱情，谈论性，谈论与异性交往的时候应该注意什么。总之，只要是孩子感兴趣的话题，父母都可以与他来讨论。这样不仅可以洞悉孩子的心理缺陷，及时做出弥补的措施，还可以很好地引导孩子正确地与异性交往。

2. 告诉孩子什么才是真正的爱情

十几岁的少男少女对于爱情的认识是朦胧的，他们心中的爱情多是根据电视、小说而臆想出来的。很多孩子都有这样的看法：只要和异性同学在一起就是爱情。在日常生活中我们也经常听到："一个小学生居然爱上了自己的老师"，"上小学的某某和哪个男生或者女生正在谈恋爱"，等等。

其实这些都不是爱情，只能说是一种喜欢，但喜欢绝非是爱。相信已经成年的家长应该知道，"只要和异性在一起就是爱情"的说法是非常片面的，那么，父母就应该引导孩子，告诉他们真正的爱情是怎样的：爱情可以说是世界上最为美好的感情，拥有了爱情就会拥有巨大的力量，哪怕是在困境中，哪怕是生命垂危，都可以产生一种巨大的力量支撑着自己，创造生命的奇迹。

要想让孩子弄明白爱情这种伟大的力量，父母应该在生活中不断地教育孩子。比如没事的时候，给孩子讲一些关于爱情的故事。

只要父母学会对孩子进行正面的教育，他们就会对爱情有个正确的认识，不仅可以让他们获得真正的友情，还可以获得真正的爱情。

第七章　思想内化：
影响孩子内心，让孩子做最好的自己

Chapter 07

你走进过孩子的内心世界吗？

你的教养方式适合孩子吗？

教养也是一门学问，

父母们要不断地去学习和积累经验，

始终以正确的方式来对待我们的孩子。

只有如此，孩子才愿意接受我们的指引，

从内心作出改变，

慢慢成长为一个有教养、有魅力、受人欢迎的人。

✦ 懂孩子才能更好地爱孩子

苏霞的女儿甄珍现在上初中，最近苏霞在女儿身上发现了一些让自己难以理解的举动，于是她找到一位心理医生寻求帮助。

苏霞说："自从甄珍上了初中，总是把自己的东西锁得严严实实的，钥匙也都藏起来，有天我突然发现她把钥匙落在桌上，于是想趁机打开她的抽屉，打算看看究竟藏了什么。她爸爸不让开，说是侵犯孩子隐私，我一想，还是算了，就把钥匙放回了原处。结果甄珍回来后，冲我大叫：'你们谁动了我的抽屉？'我冷静地说谁都没看，甄珍警惕地说：'别以为我不知道，我在钥匙上放了一根头发丝，为什么不见了？'然后打开抽屉，发现东西没动才放心地离开。我倒吸了口冷气，甄珍像防贼似的防我们，这是为什么啊？"

听完苏霞的叙述，心理医生告诉她说："现在，您的女儿正处于青春期，她也有属于自己的小秘密，她的爸爸说得对，你不能过多地干涉她的隐私，否则她会很容易产生逆反，更不利于你的教育，只要你给予她适当的自由空间，相信过了这段时期，你会发现女儿真的成熟了。"

像苏霞这样遭遇孩子有隐私行为的父母有很多很多。对此，从父母爱孩子的角度上，我们可以理解，由于社会及家庭环境的影响，很多父母生怕孩子照顾不好自己，发生影响孩子正常生活和学习的事情，于是恨不得把孩子翻个"底儿掉"。

可是，父母们不知道，当孩子不再像从前那样拽着你的衣襟，凡事都跟你讲的时候，说明他们在长大。在他的意识里，开始认为自己是个"大人"了，处理事情的能力已远非父母能够企及了。

所以，他们开始反感妈妈善意的唠叨和爸爸语重心长的教诲；他们开始反锁自己的房门，并注明"闲人勿进"；他们开始有了珍藏的日记本，总放在那个谁都进不去的角落里……

对这种骤然而降的巨大变化，父母们难以适应，万分焦急。可是我们要问，作为父母，你是否真正关注过孩子的内心世界？你是否真正在与孩子一起成长？你是否真正读懂了孩子的需求？

2008年，某初中举行了"迎接奥运会"的象征性长跑比赛。路边围观的、跟着跑的家长比学生还多，他们不时冲自己的孩子大喊："慢点跑，别累着！""能坚持吗，累就别跑了！""孩子，休息一会儿吧，爸爸开车带你一段。"

学生们不堪其扰，纷纷这样回答："烦不烦啊，别跟着了！""谁用你送啊，快回去！""别说了，都被人家笑死了！"……跑步结束后，酣畅淋漓的孩子们对前来采访的记者说："父母的爱，我们真的受不了。"

对孩子来说，父母的过度保护并非爱的表现，有时反而变成了一种困扰，在家长的包办下，孩子会逐渐变得无能，丧失了应有的独立。如果在这样的环境中长大，你的孩子尽管乖巧懂事，学习优异，却缺乏主见，没有自己的思考能力、动手能力，步入社会后，生存能力也往往很差。

当然，孩子毕竟还没有成年，父母对他们的担忧有时也很有必要，适时的关爱或许会避免他们受到不必要的挫折，将不好的事情扼杀于无形，但需注意，一定要以正确的方式对孩子进行引导，假如父母能像朋友一样与孩子畅谈心事，平等交流，在学习和生活中与他相互沟通，在他困难的时候及时伸出援手，而非一味干涉，相信他一定会为拥有这样的父母感到骄傲，也会逐渐敞开心扉，更加健康、快乐、顺利地成长为优秀的孩子。

1. 尊重孩子，要求孩子的事自己先做到

孩子是个独立的、有感情的生命个体，有他们自己的行为方式和自己独立的人格。作为父母，要想让自己的孩子喜欢和自己交流，那么自己首先就要尊重他。只有你尊重孩子，才会赢得孩子的尊重。比如，孩子进入父母房间或者父母进入孩子房间，都要先敲门；动用对方的东西先问一下对方，没有征得对方的同意不随便乱动，等等。

2. 放下架子，以平等的姿态和孩子交流

父母与孩子是最亲近的，为什么还会产生隔阂？究其原因，大致都是因为父母和孩子不能相互理解所造成的。在很多父母眼中，孩子不过是什么都不懂的毛孩子，而孩子则觉得父母任何事自作主张，不顾及自己的想法。

那么，想要让孩子改变这种"不听话"、"对着干"等逆反心理和现象，必须先让自己摆脱传统的教育观念，不去用居高临下的姿态和呵斥的语言对待孩子，而是用平等、真诚的态度与孩子沟通。只有这样，孩子才愿意顺从父母，主动完成应该做好的事情，变"不听话"为听话，从"对着干"到愉快地合作。

孩子需要父母的关爱，但是这种爱不仅仅是给孩子充裕的物质生活，还需要父母们能够真正以一个朋友的姿态，走进孩子的内心世界，去了解他的所思所想。

鼓励和信任是最好的爱

纽约贫民窟出生的罗尔斯,从小就是一个顽皮透顶的学生。逃学、打架、脏话连篇的他从不听从老师的教诲,甚至砸烂过教室的黑板,老师们对他都头疼不已。校长皮尔·保罗为此绞尽脑汁,却发现很多办法对他都无济于事。

善于观察的保罗最终还是发现了罗尔斯的一个特点,他虽然顽劣,但却很迷信。于是,保罗便在上课的时候增加了一个小活动,那就是给孩子们看手相,但活动的时间只限 10 分钟。每次孩子们似乎总是表现得意犹未尽,因为被校长看过手相的孩子似乎长大后都有着不凡的命运。活动很快吸引了迷信的罗尔斯,他也很想知道自己的未来是什么样的,于是每天都按时到校,期待着可以很快轮到自己。

这一天终于到了,罗尔斯从窗户上跳下来,伸着小手走向校长保罗。"噢,天哪,一看你那修长的手指我就知道,你将来肯定是纽约州的州长。""这是真的吗?"罗尔斯觉得校长的话令他难以置信。"当然啦孩子,校长是从来不说假话的。"

信以为真的罗尔斯从此改正了自己的恶习,说话做事一板一眼,没有一天不是按照纽约州州长的标准来要求自己的。越来越出色的罗尔斯最终成为了美国纽约州第一任黑人州长。

所谓心有多大，舞台就有多大。罗尔斯的故事告诉我们，哪怕是一句话都有可能改变孩子一生的命运，饱含信任的鼓励会激起孩子们奋发的斗志，无论成功与否，对孩子一生都将有所帮助。

苏联的苏霍姆林斯基有本著作叫作《要相信孩子》，其中说道："孩子的心灵是敏感的，它是为着接受一切好的东西而敞开的。"

书中阐述了相信孩子的能力、信任孩子的重要性。指出无论是在孩子的天性中还是在后天的成长要求中，对信任的需求都是迫切的和必要的。

事实就是这样，父母给予孩子充分的相信，会使孩子感受到自我价值的存在，以及自尊感和自立感的提升。这样，孩子会增强独立处理事务的积极性，勇气倍增地面对所遇到的问题。

在家庭教育中，家长要相信并认可孩子的能力，要知道，父母的信任可使孩子感到他们与父母处于平等的地位，从而就可使孩子增强自我意识和独立意识。反之，若父母对孩子持不信任或不够信任的态度，就无法了解孩子的愿望和要求，孩子的积极性和自信心必然会因此而受到伤害，他们想要自己动手尝试的独立意识也势必减弱。这样，家庭教育的效果也会相应减弱。

作为家长，有必要反思一下：自己是不是总是希望孩子考分高高、处处领先其他孩子；是不是总想把孩子管得牢牢、看得紧紧的；是不是对孩子爱之过切、期望过高……殊不知，正因为这样，父母就会自觉不自觉地将孩子湮没在了自己所谓的牵挂和"不放心"、希望及深爱之中，使孩子成为以爱为名义、以希望为锁链而"囚禁"得严严实实的父母的附属品，而忽略了他们应有的独立性、天性与自由！

明智的父母应该知道，相信和认可孩子的能力是自己的教育态度，是教育孩子的方式，所以这份信任必须是冷静而客观的。也就是说，不能过高地估计孩子的能力，要给自己和孩子留下充分的承受失败的思想空间。这一点对于正在尝试独立做事的孩子来说是尤为重要的，否则，过犹不及的教育效果是得不偿失的。

1. 不要对孩子提出不合理的高标准

家长和老师都希望孩子上课能够时时刻刻专心听讲，每天都能够做到作业本整整齐齐，穿着干干净净，然而，这对于上幼儿园、小学的孩子来说大多数人是不可能做到的。所以，家长不能对孩子期望过高，不要使孩子觉得他们始终达不到预想的标准，这样的孩子会过早地失去童真和快乐，也会失去自信。

2. 重视孩子的贡献、自身价值和优点

要想使孩子感觉良好，就要使他们感觉到自己是有用的人，并且知道他们的贡献确实有用，受到重视。

很多家长说自己孩子时，总是把他们说得一无是处，在家里又什么都不让孩子做，因为孩子做什么都难以达到家长的高标准。要想使孩子觉得自己有用，家长应该客观地评价自己的孩子，肯定孩子的长处，帮助孩子用自己的特长为家里做出一份贡献。

例如，孩子擦玻璃擦不干净，但是擦桌子却擦得很好；扫地扫不干净，但是去取牛奶、买早点却很麻利……我们总能发现和培养出孩子做某件事情的特长，使这件事情成为孩子的"专利"，常常赞扬他、鼓励他越干越好。这样，孩子当然会为自己在家庭中的"重要位置"而感到自豪和自信。

3. 不否定、不猜疑

对孩子不要莫名猜疑，也不要轻易否定。无端猜疑自己的孩子，只能说明你对他还不了解。猜疑只会给孩子造成伤害，对信任的建立有百害而无一利。抽出一定的时间和精力来了解你的孩子才是行之有效的办法。

父母需要知道，孩子不是你的私有物品，他也有自己的性格和脾性，如果孩子的行事作风并不符合你的标准，也不要轻易地去否定他。那样会打击他的自信，激起他的逆反心理，会让他认为你不了解、支持他，也就不可能再信任你。所以，在跟孩子交流和沟通时，要减少否定、打击、不满等语言的使用，而要尽量多说理解、原谅和信任之类的话语去激励孩子。

4. 鼓励每一个进步，而不是关注最终的成就

父母们常常关注孩子的考试成绩，或者关注孩子参加什么比赛得了几等奖，却容易忽视孩子平时的每一个微小的进步，这样做的结果会使孩子索性不去尝试每一个微小的努力，因为他一下子看不到长远的结果，又缺乏耐心和意志。因此，家长需要对孩子的每一个进步都要鼓励，使他们的正确行为得到强化。

当然我们并不否认，孩子需要家庭、学校、社会等方方面面的关爱、引导和管教，也需要让他们承担一定的压力，但这些都应该建立在科学的基础之上。如果父母给孩子过多的关爱，会让孩子感觉身心负担过重，到最后，也只能是种瓜得豆，事与愿违。

要让孩子信任，父母要讲诚信

著名教育家斯特娜夫人深知诚信对赢取孩子信任的重要性，所以她总是会将对孩子许下的承诺一一实现。

有一次斯特娜夫人答应小维妮弗里德去森林游玩，目的是观察小维妮弗里德所喜欢的蜘蛛，但是那一天却下起了雨。原本一场雨无关紧要，但对于患有关节炎的斯特娜夫人来说，问题就没那么简单了。

起初斯特娜夫人也在犹豫，这时候小维妮弗里德天真地跑到母亲面前，询问母亲是否可以出发了。犹豫片刻的斯特娜夫人还是忍住了关节的疼痛，带小维妮弗里德去了公园。阴雨天气使得小维妮弗里德见到了许多平时少见的景象，这让她兴奋不已。回家之后，意犹未尽的小维妮弗里德还在不停说着她的见闻。

对此，斯特娜夫人感到很高兴。她最终克服了身体上的疼痛，满足了小维妮弗里德外出的愿望，但更值得斯特娜夫人高兴的是，她在小维妮弗里德面前做到了诚信，小维妮弗里德对她的信任也进一步增加。

试想那一天，斯特娜夫人若是随便找个理由推脱，没有带小维妮弗里德去游玩，不仅会让小维妮弗里德失落好一阵子，同时也会失去在小维妮弗里德面前的诚信。小维妮弗里德会因为这一次经历而责怪母亲的失信，在她脑海里，母亲将会变成一个喜欢找借口的形象。想让小维妮弗里德像以前一样信任母亲，恐怕是不可能了。

所以，父母要让自己的孩子信任自己，那么父母就要值得孩子信任。不要认为在孩子面前表现出诚信是多此一举，孩子尽管年幼，但他们同样能察觉到父母的失信。失去孩子信任的同时，父母这么做也会影响到孩子的行为方式，应该没有哪位家长希望自己的孩子不诚信。

那么，父母应该怎样重新获取孩子充分的信任呢？答案就是上边提到的"诚信"。父母要让孩子相信自己，那么他们的所作所为首先就要值得孩子去信任。用面对社会时的诚信来面对孩子，给他们平等的对待，这样孩子就会在长大后，仍然保留着对父母的信任。

1. 重视与孩子的相处

方敏的妈妈在一个育儿网上和专家正在交流，我们看看她的烦恼是什么吧：

儿子刚满7岁，比如说到哪儿去玩，已说过了，他持怀疑的态度说："妈妈，你没骗我吧！"有时候感觉挺烦的，孩子不相信你，也曾反思过，我自己有没有说话不算数的地方。最多有时说些善意的谎言，会不会给孩子造成什么误解呢？

对此，专家给出了这样的答复："我觉得这不是孩子不信任父母。父母和孩子对事物的理解常常是不同的，父母有时不能兑现自己的承诺是因为有更重要的事，父母记住的是自己合理的要求，而孩子不能理解和在意这些，他记住的则是那个没能实现的期盼。"

方敏的妈妈继续问道："那么怎样才能让孩子理解，并且不歪曲父母在孩子心目中的形象呢？有什么好的方法可借鉴吗？"

专家解释说："将孩子视为一个独立的人，把与孩子相处、游戏视为重要的工作，这样在你做计划时会更周到，有变化时要慎重，向孩子说明并表达歉意。多与孩子商量，尊重孩子的意见，同时也要有一定的原则。其余就是等待孩子慢慢成长，学会用幽默处理生活中的一些小问题。"

2. 不要侵犯孩子的隐私

孩子的隐私如果常被侵犯，父母又不善于补救，其结果必定是导致孩子对父母反感和不信任。一旦双方形成隔阂，再对孩子进行有效的教育就困难了。

隐私的特点是具有一定的相对性，隐私可以转化，不信任你时是隐私，信任你了可以不是。家长要争取孩子信任自己，主动、自愿地透露心中隐私。这就要求家长尽可能做到下面几点：

培养孩子对父母的信任感；

培养孩子与父母交流思想感情的习惯；

不要找各种理由偷看孩子的日记，私拆孩子的信件；

兑现对孩子的承诺，不能兑现时也得说清缘由，取得孩子的谅解；

承诺为孩子保守秘密时一定要守信，需要揭秘时应动员孩子自己揭秘，而不是由家长代办。

生活中，有的父母认为孩子还小，很好"糊弄"，所以在孩子面前便不考虑诚信，他们不知道的是，孩子会察觉到父母的失信，很有可能因此而失去对父母的信任。不讲诚信将会给孩子成长以及整个家庭造成不利影响。

信任来自于诚信，请每一位家长记住这一点。要让孩子信任，就先让自己变得诚信。

❦ 慢慢走出自闭世界

晶晶一直跟着外婆长大，爸爸妈妈工作忙，经常出差，一周也陪不了孩子几次。

前段时间，晶晶上幼儿园了，妈妈对于这个从没离开过家人怀抱的孩子很是不放心，于是破例向公司请了假，要求给自己早晚接送孩子一周的时间。

果然不出妈妈所料，晶晶的表现着实让人头疼。每次和妈妈分开都是满脸泪痕，大哭不止。晶晶妈妈备感无奈，但还是狠心将孩子留在幼儿园，她认为让孩子适应一下或许就好了。

大概一个多月之后，晶晶已经不像刚开始入园时那样哭闹了，妈妈很是开心。但是她又发现了另一个问题，就是孩子回家从不和他们交流幼儿园里的情况，问她都认识哪个小朋友，最喜欢哪个老师，她都不回答。而且听外婆说，每天接孩子时，别的小朋友见到家长大呼小叫，高高兴兴的，而晶晶却总是默默无语；别的孩子下学后都会在操场上玩耍一阵，而晶晶却从不参与，总是要回家。

得知了这个情况，晶晶妈妈找到了幼儿园老师了解情况。老师说，晶晶在幼儿园也不怎么爱和小朋友玩，上课的时候从不举手发言，老师们为此还鼓励她，可最终也没什么效果。

这下，晶晶妈妈更着急了，这么大的孩子在人们的眼中应该是调皮好动、

天真活泼的，为什么晶晶却这么孤僻离群呢？

其实，在晶晶身上反映出来的，是孤僻离群的性格。类似这样的现象在我们的日常生活中并不少见。相关调查表明，我国现在约有150万的孩子有自闭倾向，而且正在以10%到17%的比例增长，已达到人口比例的千分之一。自闭的严重程度远远超出人们的想象。

为什么会出现这种情况呢？这是因为，现在大多数家庭都是独生子女，孩子缺少玩伴，很多父母又只顾工作，把孩子交给老人就不管了。这样，被老人娇生惯养的孩子没有与别人交流的机会，导致他们喜欢独来独往，交往范围相对狭窄，精神世界也日益封闭，最后形成了孤僻自闭的性格。

儿童心理学家表示，自闭存在于孩子的潜意识里，可能是孩子在现实生活里难以达到自己的目标，产生了自卑的情绪，或是因为孩子承受着很大的压力，还有可能是因为对现实不满，但是自己能力有限，无法改变现状，进而对自己失去信心等。这些都是孩子产生自闭的原因。

如果孩子有自闭倾向，那么他往往表现出人际交往方面的障碍和沟通方面的困难。有的孩子是先天有自闭倾向，有的则是父母的养育方式不当所导致。

如果你的孩子属于前者，那么就是患有医学上的自闭症，需要父母到专业的机构咨询，用科学的方法帮助孩子摆脱自闭。如果你的孩子是因为教育方式不当导致自闭，那么父母就要多和孩子交流，通过平时培养孩子的自信心和乐观积极的态度，来帮孩子挣脱自闭的枷锁。

只要父母能及时发现并采用正确的方法，那么孩子一定会慢慢走出自闭，成为一个独立、自信的孩子。

1. 多抽时间陪孩子，让他感受到父母足够的爱

爸爸发现，4岁的女儿乐乐最近这段时间话少了，总是默默地待着。即使逗她玩，也不见有什么回应，而且她自己也不愿意主动做一些事。

爸爸很困惑，不知道问题出在哪里，就带乐乐去看了儿童心理专家。

经过专家分析，给出了这样的结论：由于父母对孩子照顾不够，孩子觉得自己被大人忽略了，因此不爱说话，也不敢大胆地做一些事。也就是说，在乐乐看来，爸爸妈妈不陪她，也就是不爱她了，她是在用这样的方式来抗议。

知道了其中的原因，乐乐爸爸迅速做出了改变。他不再像以前那样拼命工作，而是每天都抽出一个小时来专门陪伴女儿。同时，乐乐的妈妈也将重心从职场往家庭倾斜。

没多久，乐乐果然又变得爱说爱笑了。

现在有很多父母，仅仅承担了生育的任务，然后就把孩子交给老人，自己忙工作去了。殊不知，这样很容易让孩子因为体会不到父母的爱而产生自卑、哀伤的情绪。

如果乐乐的爸爸没能及时发现并作出改变，那么乐乐的自闭倾向可能会越来越严重，到那时候再恢复恐怕也会有很大的难度。所以，父母要善于观察孩子，及时发现孩子的自闭倾向，然后采取正确的方法，尽快把孩子拉回活泼开朗的状态中来。

2. 父母要积极创建欢愉的家庭氛围

任何人的情绪都会或多或少受到环境的影响，小孩子就更为明显。如果孩子每天所处的环境是父母亲密和谐、互敬互爱，那么孩子就会感受到温馨和愉悦，心情也会开朗。相反，如果孩子每天处在一个充满了冷漠、争吵的环境里，那么孩子的内心就会自卑、封闭。

腾腾的爸爸妈妈都是火暴脾气，动不动就吵架，根本不考虑女儿的存在。他们的坏情绪还经常牵连到孩子身上，和孩子说话也没有好态度。这种环境让腾腾很难过，也缺乏安全感，她甚至会认为是因为自己才导致父母吵架的。久而久之，腾腾内心的自卑感越来越强烈，在同学们面前她总是低头不语，也不主动回答课堂上老师的提问。

无疑，腾腾是个可怜的孩子。在这种整日吵架的环境中长大，她承担着一个孩子本不该承受的压力。长此以往，便不再喜欢和外界交流，将自己封闭了起来。

所以，要想让孩子拥有一个好性格，父母就要努力创造和谐、愉悦的家庭环境，这样你的孩子就会活泼开朗，远离自闭。

3. 允许孩子发泄心中的不良情绪

孩子在面对一些问题的时候，也会生出各种各样的情绪。积极的情绪自不必说，如果是那些不好的情绪，就很容易让孩子失去信心，这时候假如没有得到科学的引导，那么孩子就会破罐子破摔，越发觉得自己什么都做不好。

其实，这主要是由于孩子缺乏生活经验，不懂得宣泄自己的情绪导致的。因此，这就需要父母担负起帮助孩子准确表达自己情绪的任务，让孩子在一定范围内合理地宣泄自己的情绪。

父母可以引导孩子把心里的不满说出来，或者用笔写下来，也可以大声喊出来；父母还可以帮助孩子培养对某一事物的兴趣，让孩子从不良情绪中转移到感兴趣的事物上来。

只要父母善用智慧，相信你的孩子就能够及时宣泄掉不良情绪，保持心情舒畅。

4. 让孩子多和外界打交道，让他从社交活动里练就自信心

俗话说，"读万卷书不如行万里路，行万里路不如见万个人"。的确，通过接触外面的人和环境，孩子会学会和他人联络感情，增长见识，提高应变能力和活动能力等，这些对孩子的身心健康是大有裨益的。所以，父母不要一味地限制孩子的自由，而应多鼓励孩子走出去，和外界的人多打交道，否则很容易使孩子产生逆反情绪，产生自闭心理。

古希腊著名哲学家亚里士多德曾经说过："人是社会的动物，因此，人不可能独立于社会而存在。一个人必须在与他人的交往中，才能完成社会化过程，使自己逐渐成熟。"如果一个孩子从小太过孤僻离群，长大以后会变得不爱与人交往，很难与他人合作、友好相处，甚至容易走极端，很难适应社会生活，对孩子的人生会产生极大的影响。

为此，父母们要细心观察孩子，一旦发现有自闭倾向，就要及时进行干预，以尽快帮孩子重获自信心。

✤ 叛逆的孩子这样管

晓光原本是个很听父母话的孩子，学习成绩也很优异，他的爸爸妈妈一直为有这样一个儿子而骄傲，所以一直以来对他也十分放心。

但是，就在今年晓光升入初中之后，情况悄悄发生了变化。晓光的爸爸妈妈发觉，以前很乖的儿子现在十分情绪化，动不动就发一些无名火，有时候爸爸妈妈多说两句，他就会表现出满脸的不耐烦："好啦，不用说啦，我知道该怎么做。"

爸爸妈妈以前可没见儿子这样过，所以当面对时常和自己顶嘴，而且压根儿不听自己话的孩子，他们深感错愕。为此，他们还打电话和晓光的老师沟通，从老师那里得到的反映和他们自己的感受如出一辙，原来晓光在学校也不再像以前那样虚心地接受批评，而每当面对批评，他都是一脸的不服气，有时候甚至还狡辩，和老师发生争执。老师还以为家里发生了什么事，正准备找机会进行一次家访呢。

其实，晓光的行为是一种极端的逆反，是叛逆心理的表现。哪个父母摊上这样的孩子也都会苦恼、不知所措。

因为孩子叛逆，他们不接受父母或者老师的批评、受不了一点点的挫折和压力，他们喜欢由着自己的性子做事情，根本不会考虑他人的想法，只要是不合自己心意的事情,他们就会反抗。

很多父母开始担心,如果孩子一直这样下去可怎么办?

实际上,父母不必担忧,孩子成长到青春期时,叛逆是难以避免的。对少部分孩子来讲,叛逆有时候可能会伴随孩子的整个成长过程。但是对大多数孩子来说,在他的成长过程中主要有两个叛逆阶段:一个是3~4岁的时候,一个是12~15岁的时候,也称为青春期叛逆。

这就是为什么很多父母就像故事中晓光的父母一样,突然发现孩子在上初中之后忽然大变样:学会和大人顶嘴了,叫他做的事情他偏不做,不要他做的事情他非要做,简直是无理取闹。如果父母说他几句,他不是发脾气不听管教,就是赌气离家出走,这种表现让父母如同身处水深火热中一般。

那么,孩子为什么会在这个阶段如此叛逆呢?其实,这是孩子身体和心理成长到一定阶段的标志。孩子进入青春期之后由于生理变化引发心理变化,他遇事开始思考,形成并不成熟的主见,对父母的话开始怀疑。

所以,我们应该从孩子成长的角度来看,孩子的叛逆表现实际上是证明了他的心理在成长,当经过了这个阶段之后,孩子就会逐渐摆脱对父母的依赖,成为一个有独立思考能力的人。换句话说,叛逆的过程就是孩子在学着思考的过程。

但是,需要提醒父母们的是,由于这一时期的孩子,其思维能力还不成熟,加上他缺乏一定的生活经验,因此他对事物的认识还仅仅停留在表面阶段,带有很大的局限性,所以,父母的引导是必要的。

1. 温和地和孩子讲道理,而非批评责骂

一旦察觉孩子会提出一些不合理的要求和做出不合理的行为时,父母不要批评责骂孩子,而要和孩子讲道理或者给他讲一些类似的小故事,让他通过道理或者小故事得到启发，认识到自己的行为或者要求是不当的，从而纠正自己的想法和要求。

如果父母粗暴地批评、责骂孩子，那样会伤害他的自尊心，有时候也会激起他故意反叛的心理。

所以，我们提倡父母采取以柔克刚的教育方式，这样不仅有利于孩子认识自己的错误并且改正，还能缓解父母和孩子之间的关系。

2. 尊重孩子的意见，让他和自己平起平坐

不少父母出于保护孩子的想法，不让孩子参与任何家里的事。其实，孩子是一个独立的个体，他有表达自己想法的欲望和权利。只有获得平等的对待，孩子才少一些叛逆。

为此，父母要试着让孩子参与到家庭决策中来，哪怕是用红色的碗盛米饭，还是用白色的碗盛米饭这样的事，如果让孩子参与决策，那么他就会有一种"当家做主人"的感觉，也就不那么容易和父母作对了。

也许有些事情上，孩子的想法不尽合理。对此，父母也要让孩子说完，然后再帮他指出不足之处。这样，孩子就会感受到自己是被尊重、被重视的，以后他也会乐意对你坦诚他的想法。

3. 培养独立意识，让孩子成为一个大写的"人"

作为过来人的父母，总是不想让自己的孩子吃亏，所以在孩子遇到事情的时候总是积极地说教。这些父母不知道，他们这样做有时候会让孩子很反感，更加激起他的逆反心理。

在面对一些问题和困难的同时，父母不妨放手让孩子自己去解决，只有他犯错了或者受到挫折，通过亲身实践和感受，他才会加深对自己的认识，同时也培养了他的独立意识，积累了他的生活经验。同时，在学着解决问题的时候，孩子的抗压能力和责任感也会随之增强。

随着孩子步入青春期，他们会在身体、心理上呈现巨大的变化，令父母难以适应，觉得孩子在不停地触犯自己的威严。其实，这时父母就要改变自己的教育方式了，如果还是维持孩子小时候的那种教育方式，肯定行不通。聪明的父母都会及时地调整自己的教育方式，看看自己是不是给孩子压力过大，自己的唠叨是不是过多，是不是没有尊重孩子的想法，发现问题，然后积极解决问题。

因此说来，父母们还是要用一些思想和智慧来对待孩子的逆反心理。当你学会善待这种心理的时候，你的孩子才更容易顺利度过这段具有里程碑意义的时期。

让"顽固分子"不顽固

6岁的虎子一直被妈妈称为"顽固分子"。妈妈说，从小到大，他就是个拧小子，刚出生不久还在襁褓中时，虎子睡觉时永远是把头拧到左侧，怎么扳也扳不过来；大了一些后可以自己吃饭了，他却坚决抵制米饭，活脱脱一个"山东胃口"，只吃馒头；每次上厕所，要往马桶上坐的时候，他都要先把内裤、外裤全部脱掉，否则就不撒尿；冬天的时候不管多冷，他都坚决不戴帽子……

类似这样的顽固表现不胜枚举，虎子妈妈为此头疼不已。她只得和朋友们戏言，虎子似乎注定是个没有人可以强迫得了的孩子，简直顽固到家了。

也许有的父母和虎子妈妈有类似感受，因为自己也摊上了像虎子这样的"顽固分子"。

父母们不免会思考：一定是自己在教育孩子方面出了什么问题，才造成孩子这么拧。

在此，我们不排除因为教育缘故而导致孩子故意和父母"作对"的行为，但有研究者通过调查研究发现，这种性格也很有可能是天性使然。

研究者还发现了此类孩子的优点所在：他们在遇到问题时，通常比较有主见，不会随波逐流，不管自己身边的人多么"权威"，多么强大，他们都不会因此而感受到威胁；另外，个性固执的孩子往往比较专注，这不管是对他们以后的学业，还是工作后的质量和效率都会大有裨益；此外，如果孩子的这种性格能与耐力配合的话，那么他们通常最容易成功。

当然，尽管固执的天性看上去有诸多"美妙"之处，但真正让孩子充分发挥这些优势的道路并不平坦，还需要父母们用更多的爱心和巧妙的方法进行引导。

1. 奉献出你的耳朵，听听孩子的意见

成年人之间打交道，都会注重倾听这一至关重要的环节。在我们和孩子相处的过程中，同样需要倾听。为此，对于那些"固执分子"，在他对某件事发表自己的看法时，父母应多听听他的意见。对此，父母们需要把握好一个原则，凡是不危及安全、不伤害他人、有着积极意义的事情，都可以让孩子自己去选择。例如，当他提出要和小伙伴一起丢沙包、跳房子，父母就没必要非要求他和自己去公园玩。

总之，在和固执孩子相处的过程中，父母们有必要掌握一定的谈判技巧，注意多给孩子尊重和宽容，而不要试图与孩子硬碰硬，否则那必定是个难以收场的结果。

2. 不必事事争"第一"，教孩子取舍和谦让

在日常生活中，父母不妨在适当的时候，经常性地告诉孩子，真正聪明的人常常以退为进。比如，当他和别的孩子都想玩同一个玩具，并因此争抢起来的话，那样谁都玩不成；如果两个人商量好轮流玩，那么谁都有玩的机会。

对于有主见的孩子，父母就不必过多强调让他凡事争"第一"的概念，而应该多让他学会谦让。

3. 适时行使父母的权利，不要过于迁就孩子

很多有着固执孩子的父母，总会发出这样的感叹：和他较量，真是一场耐力的比拼。的确，有时候父母给予再多的理解、宽容、民主，那个顽固的小家伙依然我行我素。这时候，父母就要行使自己作为家长的权利，而不能过于迁就孩子。

比如，到了睡觉的时候，孩子还想在客厅看电视，仍拒绝上床，这时候父母可将他抱上床，并且告诉他："现在是睡觉的时间了，你即使不困，也必须上床待着去。"

4. 确立规则，让孩子从小学会自我管理

遵守交通规则：孩子在看到别人闯红灯时，可能自己也会蠢蠢欲动。为此，父母要告诉孩子一定不要闯红灯，不要乱穿马路，这种行为并不说明他"不勇敢"，而是一种对自己生命负责的表现。

礼貌待人：这一点在前面的章节中有较详细的叙述，在此简略提一下。

父母应向孩子提出这样的要求：对长辈要尊敬、对同伴要友善、要"讲道理"。

如果这一规则缺位，那么孩子则容易生出骄纵之心，不懂得体谅他人，也就难免成为"小霸王"或者"刁蛮公主"了。

游戏公平：如果开始进行某项游戏，必须让孩子遵守规则，一定不能耍赖反悔。否则，孩子将此演变成习惯，长大后很可能成为集体中"不受欢迎"的人。

自我管理：让孩子知道生而为人，必须学会克制，承担责任。属于他负责的事情不能由父母代劳，比如他的玩具要自己整理，作业要独立完成等。

必须承认，个性固执的孩子常常需要父母花费更多的精力来教育和培养，但只要教育方法得当，这样的孩子也许将来会更容易取得成功。

❋ 把暴脾气孩子的"毛"捋顺

文广今年只有 5 岁，但却是出了名的火暴脾气。有一天，刚刚睡醒午觉的他，还想继续上午的过家家游戏。然而，当他走到小桌子旁，却发现什么也没有了，小盘子、小碗，还有"看书"的小熊、在小车里躺着的小兔兔都不见了。

这时，妈妈过来抱起文广说："文广，你看妈妈把你的小玩具都收起来了，干净吧？"没想到文广却"大发雷霆"，一边打着妈妈一边叫喊："你讨厌，你讨厌，谁让你把我的过家家给破坏了，你赔我。"

妈妈很生气，批评了他一顿。谁知文广并不接受，依旧我行我素。但在幼儿园，他这套却行不通了。幼儿园里，小朋友们都是平等的，因此，他发脾气，没有人会怕。为此，他和小朋友也打了好几场架。文广的坏脾气，让老师也无可奈何。就这样，他不能与同伴和睦相处，被孤立于同伴之外，没有小朋友愿意跟他交往了。

如今的孩子不知为何，总是喜欢大发脾气。看到不顺眼的伙伴，他们会尖叫着将他赶走；听见不好听的歌曲，就会怒气冲冲地关掉电视，大骂"真难听！"父母不禁要问，为什么年纪轻轻的孩子，就有这么大的火气呢？

造成孩子"暴脾气"的原因有很多，娇生惯养、不受重视、经常受打骂，这些都有可能引起孩子发怒。父母要做的，就是帮助孩子改善这个坏习惯，否则在生活中，他就会处处受挫。

暴脾气，已经让文广失去了很多朋友。倘若这个坏习惯一直伴随着文广的成长，那么他的交际之路一定是磕磕绊绊，难以收获真正的友谊。

像文广这样的孩子在现实生活中还有不少，有的甚至比文广还要过分。从心理学角度来看，乱发脾气是孩子意志薄弱、缺乏自控能力的表现。乱发脾气的孩子常常希望别人都顺从自己的想法和感受，当别人不赞同自己的想法时，他们就不能控制自己的情绪，开始大发雷霆。孩子的乱发脾气，会影响他的知识获得，影响人际交往等各方面能力的发展，非常不利于孩子今后的成长。

对于这样的孩子，父母必须"引导＋疏通"，这样才能让他改变坏习惯。

1. 转移孩子的注意力

孩子一旦发脾气，就会把注意力集中在"生气"之上。所以，父母就要引导他转移注意力。例如，孩子是因为得不到某件东西而哭闹，那么你可以抱起他到屋外走走看看，一方面安抚情绪，一方面也借外面的事物转移注意力。

2. 给孩子"约法三章"

为孩子制定规则，这是规避他发脾气的重要手段。例如，父母可以规定孩子一个月只能吃两次快餐，如果超过两次，下个月就不能再吃了。甚至，父母还可以把规则写于书面，一旦他乱发脾气，那么不妨让他看看自己的承诺。孩子是好面子的，不愿做一个不诚信的人，因此自然会收敛起脾气。

3. 培养孩子的容忍度

想要孩子不乱发脾气，就要培养他的挫折容忍度。不知大家是否还记得这个经典的故事，父母可以灵活借鉴：

从前，有个小男孩总是乱发脾气。一天，父亲给了他一大包钉子，要求他每发一次脾气，就用锤子在他家后院的栅栏上钉一颗钉子。第一天，小男孩就在栅栏上钉了37颗钉子。

过了几个星期，小男孩逐渐学会了控制自己的愤怒，每天钉在栅栏上的钉子数目不再增加。他发现，控制住自己的坏脾气，比往栅栏上钉钉子要容易得多。后来，小男孩变得不再爱发脾气了，便将这一转变告诉了父亲。父亲又建议他："如果你能坚持一整天不发脾气，就从栅栏上拔掉一颗钉子。"过了一段时间，小男孩终于把栅栏上的钉子都拔掉了。

父亲就拉着小男孩的手来到栅栏边，对小男孩说："你做得很好，我为你高兴。但是，你看那些钉子在栅栏上留下很多的小孔，栅栏不会再回到原来的样子。当你向别人发过脾气后，你说过的话就像这些小孔一样，会在别人的心中留下疤痕。无论以后你说多少次对不起，那伤疤依然存在。其实，口头上对人们造成的伤害与伤害别人的肉体没有什么区别。所以，在今后的生活中，你一定要控制自己的情绪，不要乱发脾气。"

生活中，父母要告诉孩子，在发脾气前试图将自己冷静下来，不要轻易暴露自己的情绪，以免产生不必要的后果。此外，当孩子发完脾气时，让他自己静下心想一想是不是值得发怒，然后父母需要帮助孩子找出烦恼的根源，以利于孩子控制情绪。

4. 为孩子提供发泄渠道

孩子发脾气，归根到底是因为心里有愤怒。所以，父母可以在孩子不顺心时，带他们出去走一走，多参加一些户外活动，或是找个好朋友一起聊聊天，谈谈心，以此排解内心的烦躁。

情绪，是内心世界的反光镜，清晰地反映了孩子此刻的内心波动。一个惯于发脾气的孩子，很难与他人进行友好的交流，优异的交际能力自然也成了奢望。所以，父母一定要对孩子乱发脾气的行为进行引导、疏通，让他可以用平和的态度去面对问题、解决问题。

如何对付逃学、厌学的孩子

刘伟学习成绩处于中游水平，但他一直是个乖巧懂事的孩子。直到老师来家访，父亲才知道自己的儿子也开始逃学了，父亲一下感到又惊又怒。因为每天刘伟都是按时起床，下午也是按时放学回家，表现得非常正常。

第二天，父亲就不动声色地跟踪儿子，看儿子到底干吗去了。结果发现，刘伟出了家门后就直接去网吧打游戏了。父亲看到儿子这样，抓住儿子拖回家一顿训斥教育。

可是，刘伟乖乖上了几天学后，又去了网吧，暴怒的父亲找了半个城才把儿子从网吧揪出来，自然是一顿训斥。

再后来，刘伟越来越叛逆，后来直接发展到可以连着几天不回家，在网吧里度过。

父亲对他彻底失望了，白头发一天比一天多，以前那个乖巧的好儿子早就不见了，变成了一个天天不着家，浑身脏兮兮的叛逆小子。

其实像刘伟这样厌学、逃学的孩子非常多，几乎每个学校的每个班级里都有几个逃学的孩子，这让很多家长头疼不已。问及孩子厌学、逃学的原因，曾经有一个五年级的男孩子"直言不讳"地说："我最讨厌学习，我最大的意愿就是像爷爷奶奶那样退休，不用学习。"

还有一些有厌学倾向的孩子，普遍反感学习，他们说，当他们一听到"学习"、"分数"、"排名"等字眼就想回避，有的还感到"恶心"。

父母急得要命，说教不成甚至会"武力"相加，可是这些孩子们却照常该怎么办就怎么办，弄得父母心灰意冷，不知道该怎么办好了。惹急了的父母们往往会采取打骂，甚至极端的方式来对待孩子。

父母们这样做显然是不可取的，用打骂等方式来制止孩子逃学，很可能将孩子原本不多的求学热情扫荡得一无所存，更有可能会给孩子造成心理上的伤害，甚至引发青春期孩子的逆反心理。长此以往，经常、反复地用这种极端手段"警戒"孩子，对孩子未来的身心、人格、情绪发展是极其不利的。

实际上，逃学现象属于一种比较严重的儿童行为问题。无论是什么原因引发了孩子的逃学行为，都说明其本身存在一定的心理问题。所以提醒各位父母万万不可只看孩子逃学的表象，而无视孩子逃学的心理原因。

如果父母无视孩子逃学原因，而是发现问题就粗暴打骂孩子，非但不能使孩子改掉逃学的缺点，反而易把孩子推向堕落的深渊。

因此，父母要想正确地教育孩子，能有的放矢地说服孩子，在发现问题的时候，应该首先平息自己心中的怒气，冷静下来，然后再积极地去对待孩子的逃学问题。

1. 表扬和鼓励应多于批评与责骂

也就是说，父母要看到孩子的任何一个进步，即便是只取得了微不足道的成绩，也应及时给予表扬，让其树立自信心。在指出孩子的不足之处和小毛病时，语气尽量要温和，使孩子容易接受，这样才能让他更好地学习和生活。

2. 主动给孩子"减压"

不要只要求孩子学习，把孩子当作学习的机器。当父母知道孩子逃学是为了贪玩或兴趣爱好，不妨拿出时间来让他们尽情发展自己的兴趣爱好，如果父母对孩子限制太多，连正常的玩的时间都没有，孩子不厌学才怪，就如我们大人一般，天天工作不休息，谁能受得了？因此，孩子的正常兴趣只要得到一定的满足，就不会再通过逃学的方式来进行了。

3. 注意孩子交友的对象

我们大人都知道："近朱者赤，近墨者黑。"所以，如果孩子经常跟一些爱逃学、怕学习的孩子玩，自然会受到他们的影响，一起商量着逃学后去干什么，如何向父母撒谎等。所以，如果发现自己的孩子与别的孩子一起逃学，就应该与对方孩子的家长联系，一起共同纠正孩子们的逃学行为。

4. 积极取得学校老师的配合

父母应该经常到学校去，了解孩子在校的上课情况、表现情况，积极配合老师对孩子做出合理的教育，这样，家长和学校双管齐下，才能更有效地防止孩子逃学的行为。

逃学是一种较为复杂的问题行为，它的产生是有多方面原因的。作为父母，对于孩子的厌学、逃学应该引起深思：我的孩子为什么会逃学？是因为学习上遇到了困难，还是因为有人教唆引诱，抑或是学校里有人欺负他？

父母在冷静地弄明白具体原因之后，再对症下药，并选择处理办法，让孩子不再逃学、厌学，而是爱上书本、爱上教室、爱上学习。

注意教育方式，保护孩子自尊

笑笑是某小学三年级的学生，一天中午，他没去学校食堂吃饭，而是带着几个同学到校门口附近的餐馆用餐。这被刚好经过的班主任杨老师看到了。杨老师没有马上询问情况，而是打电话告诉了笑笑妈妈。

下午放学回到家后，妈妈问笑笑，中午是不是请同学吃饭了？

笑笑支支吾吾地说："是……这样的，上周我被同学们推举为副班长，所以他们要我请客。"

妈妈听后，有些恼火，她对笑笑说："别人让你请你就请呀，你可真听他们的话！你们才上小学，不过十来岁的孩子，动不动就请客，这是什么风气啊！"

笑笑低着头小声说道："他们也请过我，我不好意思不回请人家。"

妈妈叹息了一声，接着问笑笑："那你请客的钱是从哪里来的呢？"

"是……是从家里放钱的抽屉里拿的。"笑笑小声地说。

"家里放钱的抽屉？那个抽屉你怎么能随便动呢？"

妈妈强忍着怒气，询问笑笑道："你知道自己错在哪里了吗？"

"我……我不该拿抽屉里的钱。"

"可是同学让你请客，你没有钱怎么请呢？"妈妈问笑笑。

"这，我也不知道。"笑笑嘟囔着。

"笑笑，你们现在还小，主要的任务是要好好学习，不要学习社会上那些互相请吃请喝的不良风气。再说，你没经我们允许私自拿抽屉里的钱，是小偷行为，这些你都清楚吗？"妈妈语重心长地说。

"我知道错了，"笑笑真诚地对妈妈说，"以后我再也不这样做了。"

妈妈点点头，继续说道："还有，以后遇到这种事情要诚实地和爸爸妈妈说，不应该瞒着我们，更不应该私自拿钱。如果你告诉了我们，我们会和你一起想办法，这样不是更好吗？"

"我知道错了妈妈，以后一定会改的。"

"好吧，妈妈相信你，知错就改还是好孩子。"

尽管为儿子的"越界"行为十分恼火，但笑笑的妈妈还是克制住自己的情绪，用平静温婉的话语和孩子交流，让他知道自己错在哪里，应该怎样做才对。

笑笑妈妈的教育方法无疑是成功的，她既没有大动干戈，打击孩子的自尊，又很好地保护了孩子独立面对问题的自信。有这样一个好妈妈，相信笑笑在以后的成长道路上一定会信心十足地面对各种问题。

然而遗憾的是，在我们的现实生活中，并不是所有家长都能够像笑笑妈妈这样处理问题。很多家长在对待类似问题时，轻则严厉批评指责，重则吼叫打骂。

殊不知，这样的方式虽然是出于父母的关心和爱护，但却很容易伤害孩子的自尊心。举个例子，一个三四岁的小朋友帮妈妈收拾碗筷，妈妈却急忙夺过去，对孩子说："宝贝，你会把碗摔碎的。"

这位妈妈不知道，孩子对于很多事物都充满了好奇，并希望通过自己的劳动帮助大人干这干那。可是，到头来非但没得到父母的鼓励和表扬，反而碰了一鼻子灰。试想，孩子的心里能不难过吗？以后他还会做同样的事吗？

因此，作为父母，一定要多站在孩子的角度看待问题，了解孩子的想法和兴趣，不要随随便便伤害孩子的自尊。要知道，孩子的心灵是很脆弱的，像玻璃一样易碎，打碎容易，再粘起来可就难了！

1. 告诉孩子要平等待人

孩子的心灵是纯净的，他们不会像成人一样根据一个人地位、财富的高低而产生不同的评判。但是随着年龄的增长，孩子也会因为受到周围环境和教育的影响而改变。这就需要父母引导孩子要学会平等待人。

我们要让孩子知道，建筑工人、清洁工人等和我们是平等的，他们也是通过自己的劳动来获取报酬，只是不同的职业有不同的特点而已，这不应该成为我们衡量一个人的价值的理由，他们都应该获得同等的尊重。

同时，我们还要让孩子明白，不管一个人的出身如何，每个人都可以而且应该通过自己的努力来获取精彩的人生。

2. 教导孩子怎样"迷途知返"

正确的家教方式，应该是在孩子犯了错误之后，父母先考虑到错误的程度，并找出恰当的方式方法，引导孩子以积极的心态自我反省，以乐观的心态改正错误，让错误成为他成长中的垫脚石，并促使他不断超越和完善自我，将错误转变成良好的开端。

然而，不少家长却在面对犯错误的孩子的时候，认识不到这一点，反而打着爱的旗号，对其严加指责，甚至拳脚相加，非但不会起到应有的效果，还可能会造成难以挽回的错误。

一个参与了盗窃团伙的少年犯在给父亲的信中这样写道：

爸爸，我之所以走到今天这步田地，正是你逼的。

还记得吗，我小学六年级的时候，有一次学校要组织秋游，我向你要20元钱，你却因为忙着做别的事，对我很不耐烦，最后只塞给我6元钱。我当时想再多要一点，但你呵斥着让我走开了。

到了活动场地，中午的时候我特别饿，你给我的6元钱，买水花了两元，其余的4元只能买两个包子。这些食物只够我吃个半饱，当我看到同学梅梅的书包里有钱的时候，我忍不住下了手，用那些钱买了很多好吃的。

让我没想到的是，我偷钱的时候被另一个同学看到了，他当时没有声张，而是悄悄告诉了老师。

老师严厉地批评了我，然后把你找了去，结果到家后，你骂我，说我"天生就是个贼，不好好学习，居然做这样伤风败俗的事"！你边说边狠狠地打我，然后把我锁在屋里。

我当时难过极了，我回想着你的话，真的就把自己当成了一个小偷，以后我也不会学好了。从那之后，我开始自暴自弃，经常去偷别人的钱，后来我加入了以偷盗为生的团伙，终于有了今天的下场。

不敢想象，当这个少年犯的父亲看到信的时候，心中会有多悔恨，一个花季少年，就这样在疼爱自己的父亲手中一步步成了罪犯，这将是何等遗憾？当然，平时的小错误，或许不会造成如此大的社会影响，但无论如何，对于孩子身心健康的发展都会产生不容忽视的危害。

✿ 开展"谈心"课堂，和孩子做朋友

周末的一天，陈刚在整理女儿陈聪的小书桌时，无意发现了她的作文本。作为杂志编辑的陈刚很想"见识"一下女儿的文字水平，于是打开来翻阅。

作文本的第一页，竟然是一篇题为《我的爸爸》的作文。陈刚的心头忽地一热，想看看10岁的女儿是如何描绘他这个"爸爸"的。

作文的开头，写得简洁流畅："我的爸爸是个文字工作者，高高的个头儿，白胖的脸上戴着一副眼镜，对人总是笑眯眯的。他会弹钢琴，弹得可好了，还曾经获过奖呢。平时他的工作就是写剧本，为此，同学们都羡慕我有一个多才多艺的作家爸爸。"

看到这里，陈刚的心里甜滋滋的，暗暗夸奖女儿懂事。可是，第二段情况就变了，开头一句写的是："爸爸是个好爸爸，可是，他从不把我当朋友，爱在我面前摆架子、耍威风，一点也不尊重我……"

陈刚万万没想到，才上五年级的女儿，竟对自己提了这么多意见。开始，他有些气恼，认为是自己把女儿娇惯得无法无天了。在同一个家庭里生活讲什么礼貌和尊重？真是不懂父母心！可是，细细一想，难道自己的女儿就可以不尊重？而且女儿是单纯的，她渴望公平、渴望鼓励与爱心是没有错的。

从此以后，陈刚和妻子开始改变对女儿"马马虎虎"的行为方式了，并悄悄地在家庭里实行公平性原则，譬如，陈聪带同学回家聚会时，他们给她

的同学削苹果，也给她削上一个；他们在表扬别的孩子时，也实事求是地对陈聪的优点加以赞扬；每当家中有什么重要事情需要作出决定时，他们都征求一下陈聪的意见。正是由于他们诚心待陈聪为"朋友"，使陈聪增强了自尊自爱、自立自强的意识，在学习和生活中也大大增强了自信心。

每个人都需要朋友，因为朋友可以分担我们的忧愁，让我们的坏情绪减半；朋友可以分享我们的快乐，让我们的快乐翻倍。而作为以家庭为单位的社会细胞里，父母成了孩子从小到大接触最多的人，实际上也是最有机会成为孩子朋友的人。

但是由于传统观念的影响，很多父母在孩子面前常常以"家长"的姿态出现。他们很少过问孩子的想法和感受，谈话也多用命令式的口气。在这样的家庭氛围中，孩子总处于一种屈从被动的地位，没有自由发言权，更谈不上相互沟通了。这些父母不知道，其实孩子最喜欢的是父母能像朋友那样和他相处，用朋友的谈话方式和他讨论问题，而不再是完全的"家长"作风。

做孩子的朋友，需要家长以朋友而不是以长者的身份居高临下同孩子交流。如果你俯下身以孩子的视角来看问题，你会发现孩子的世界、孩子的想法并不是你所想象的那样。

李灿在女儿姗姗很小的时候，有一次她带女儿出去玩，姗姗竟然朝她的头发上吐了一口口水，她当时特别生气，但是当她强忍怒火问明原因时才明白，姗姗原来是学着故事中的小象向妈妈的头喷水而已。

一直以来，李灿都坚持以朋友的身份与女儿交流，给女儿平等的权利，这也使得女儿把她当成了真正的朋友，更乐于同她交流。如今，姗姗养成了自尊、自信、开朗的良好性格，学习的自觉性很高，自理能力也很强。李灿认为，这与她多年来尊重孩子、跟孩子做朋友的做法应该有着密不可分的关系。

的确，做孩子的朋友可以让孩子内心放松，能以更好的状态投入到日常生活和学习中去。所以，对待孩子不要总以家长的身份自居，要试着去做孩子的朋友。

1. 与你的孩子无话不谈

很多家长也许会发现，原本在学校很听话的孩子，到家却像变了一个人似的，其实道理很简单，在学校无论课上还是课下，老师都会将孩子放在与自己平等的位置，和朋友一样沟通交流，这让他很容易接受，因此也愿意听老师的话，并喜欢把真实想法告诉老师。

如果父母也能做到这一点，那么自然会赢得孩子的信任和爱戴。

2. 建立沟通渠道，随时把握孩子的心理

父母要想与孩子交朋友，首先必须要了解孩子，了解孩子心里在想什么。但是，孩子的心理虽不是深不可测，但很多家长常常也是琢磨不透。家长如何才能准确地了解孩子的心理呢？

一位母亲与我们分享了她的经验：

在我们家，有一个"亲情宝盒"，俗称"意见箱"。与孩子之间出现沟通障碍时，我们都是靠它来解决问题的。

有一次，孩子突然不开心了，我很纳闷，问他也不说，就写了个纸条丢进"亲情盒"里："妈妈怎么惹你不高兴了，能给妈妈说吗？"

一会儿，孩子也丢了一张纸条进来："你叫我写字，说这个没写好，那个也没写好，还说我笨。"

有时，孩子的心理父母是很难把握的，就算是父母开口问他，他也不一定愿意说出来。这时，"亲情盒"便成了我们与孩子之间的沟通桥梁。

这的确是个不错的方法。当然，当孩子慢慢长大后，父母还可以用与孩子交换看日记的形式来沟通，把自己不明白的事情写在日记里，同时也要求孩子用日记来回答。这样，父母、孩子的心理、想法都白纸黑字地呈现在日记上，父母与孩子之间有效地沟通，进而成为好朋友，也就是自然而然的事情了。

虽然父母给了孩子生命，但是不能替代他去生活。父母所能做的就是像朋友一样引导他，做他生命中永不熄灭的灯塔；像朋友一样帮助他，使他变得自立而坚强；像朋友一样支持他，让他知道父母永远是他坚强的后盾。

❀ 父母不妨向子女学习

我国著名作家毕淑敏曾经在一篇文章中讲述了儿子的一段趣事。我们一起来看一下：

儿子在家里乱翻我的杂志，突然说："我准备到日本旅游一次。"因为他经常异想天开，我置之不理。他说："咦，你为什么不表态？难道不觉得我很勇敢吗？"我说："是啊，很勇敢。可世界上有些事并不单是勇敢就够用。比如这件事吧，还得有钱。"他很郑重地说："这上面写着，举办一个有关宗教博物馆的创意征文比赛，金牌获得者可以免费到日本观光旅游。"说着，他把一本海外刊物递给我。

我看也不看地说："关于宗教，你懂得多少？关于建筑，你懂得多少？金牌、银牌历来都只有一块，多么激烈的竞争。你还是好好做功课吧。"他毫不气馁地说："可是我有创意啊，比如这个博物馆里可以点上藏香，给人一种浓郁的宗教气氛；这个博物馆里还可以卖斋饭，让参观的人色香味立体地感受宗教；比如这个博物馆里可以播放佛教音乐，您从少林寺带回来的药师菩萨曲，听的时候就可以让人感到很宁静。"

儿子仍然在絮絮叨叨地讲着自己的创意，但毕淑敏和多数母亲一样，对儿子的创意不感兴趣，而且也和多数成年人一样对这些创意没有信心，她更关心的是孩子的成绩。对于儿子的疯狂举动，她叹了一口气说："好，随你瞎想好了，不过我要提醒你一句，对于一个学生来说，我以为最好的创意莫过于一个好成绩。"

很长时间过去了，当大家几乎淡忘了这件事的时候，毕淑敏的儿子收到了一封请柬，要求他去参加海外的发奖仪式。原来，他竟然获得了创意银牌奖！这件事使毕淑敏感触很深。从儿子身上，她看到了后生可畏，看到了"初生牛犊不怕虎"。在这方面，成年人和孩子比起来，少了一些冲动和闯劲，也少了一些远见！

在我国传统的教育观念里，一直是强调家长对孩子进行教育，孩子要凡事听从父母、向父母学习。如果反过来，让父母向子女学习，那肯定会被认为是无稽之谈，甚至是有悖常理的。

但是，当今的社会已经完全不同于从前，新生事物千变万化、层出不穷，很多父母已经不再是知识的权威了，在很大的程度上，父母和孩子是平等的，甚至孩子在很多事物上的头脑要更灵活、反应要比父母更快，在接受新知识、认识新事物上要更胜一筹。

所以，当父母们还在为某种新事物评头论足的时候，这一新事物早已在孩子们中间流行开来；当父母们还在为某种新思想、新观念的是非得失争论不休时，这种新思想、新观念对于孩子们已习以为常。所以我们说，父母们有许多方面都有必要向孩子去学习了。

因此说来，当今的父母要与时俱进，更新自己的教育观念，有必要放下父母高高在上的架子，虚心向孩子学习。

1. 了解时代的变化

我们所处的时代是一个知识观念更新换代飞速的时代，新事物、新观念层出不穷，日新月异。与时俱进是在这个时代求知的基础，所以，家长要向孩子学习的前提就是融入社会高速变化发展的潮流中去。

2. 建立对话式、交互式的教育模式

向孩子学习自然是对家长而言，而对孩子来说则应向父母学习，科学的教育观倡导父母子女要互为师生。运用这种模式，父母可以用自己比较稳定的价值观影响孩子的情感品质，在情感的理解力以及情绪的控制、表达等方面给孩子以帮助。

3. 学会欣赏孩子的优点

任何一个人都不是完美无缺的。作为尚不成熟的孩子，缺点自然既多又不善掩饰，常常让有些父母忍无可忍。在这种情况下，谈到向孩子学习，似乎有些不可能。但每个人都有自己独特的长处，孩子也不例外。所以，如何看孩子的优缺点才是问题的关键。

总而言之，我们提倡父母向孩子学习绝不是一句空口号，而是需要父母们实实在在、灵活运用的一个全新的教育观念。在教育孩子的过程中，父母应该把自己与孩子放在平等的地位上，彼此作为施教者和受教者的角色要灵活变化，而不能墨守成规，一成不变。

第八章　强化自主：
保持自立比什么都强
Chapter 08

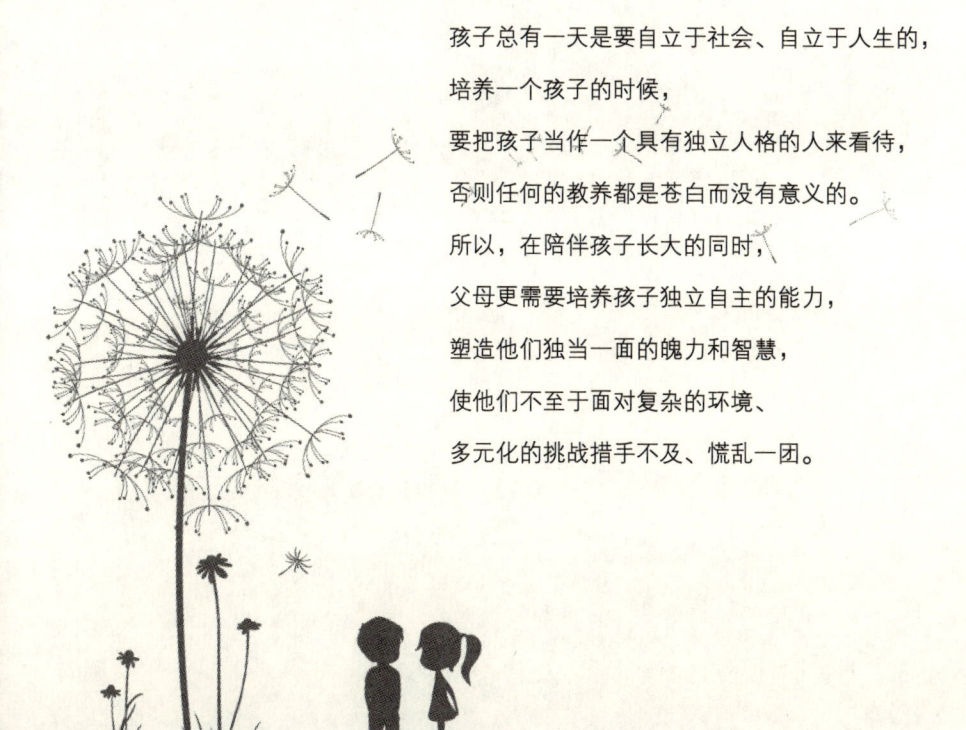

孩子总有一天是要自立于社会、自立于人生的，
培养一个孩子的时候，
要把孩子当作一个具有独立人格的人来看待，
否则任何的教养都是苍白而没有意义的。
所以，在陪伴孩子长大的同时，
父母更需要培养孩子独立自主的能力，
塑造他们独当一面的魄力和智慧，
使他们不至于面对复杂的环境、
多元化的挑战措手不及、慌乱一团。

父母不能"心太软"

一位美国妈妈带着两岁多的儿子来中国探亲。孩子在亲戚家的花园里疯跑,他的妈妈则在阳台上和亲戚朋友们闲聊。别人都担心孩子出事,就一直追着他跑,后来孩子爬到树上,亲戚没办法就告诉了孩子的妈妈。

可是这位妈妈连眼皮都没抬一下,说道:"等他掉下来摔疼了,以后就不会这么干了。"

果然,她的儿子从树上掉了下来,那位母亲也不理会,继续和朋友聊天。而她的儿子自己爬起来后,拍拍裤腿,又继续在花园里疯跑,只是再也不上树了。

这个孩子性格乐观开朗、勇于尝试、意志坚强,应该说和他妈妈的"狠心"教育方式是分不开的。

这位妈妈还教给她的有小孩子的亲戚朋友们一些教育孩子的方法,比如她要求孩子整理玩具。每次买玩具回来,她都会把包装盒子保留起来,让孩子每次玩完玩具后把它放到盒子里。这样玩具就会保存得很好,等到孩子不再玩这个玩具的时候,就可以把它们放到网上拍卖。要是孩子在玩完玩具后不收拾,她就会把玩具扔掉,让孩子再也不能玩这个玩具。妈妈这样狠心的结果是,让孩子很懂得珍惜拥有的东西,还学会了爱护和保养。

中国有句古话叫作：严父出孝子，慈母多败儿。这句话在告诫父母教育孩子的时候，不能心太软，不要把所有的问题都自己扛，要让孩子懂得处理问题，懂得分担责任。可现今中国的现状却并非如此，很多孩子十几岁了，都没有自己洗过内衣和袜子；学校里分配的扫除任务，大多是父母代劳；很多孩子还没有学会整理自己的书包，更别说是房间了……

或许家长们平时也都听说过，国外父母在教育孩子方面"硬心肠"的事例，而这恰恰是他们爱孩子的方式。他们很少帮孩子分担责任，很少帮孩子解决问题。他们把孩子看作野外的小草，只有经历了酷暑和严寒，才能茁壮成长。

而中国的父母把孩子看作温室里的花朵，不能经受风吹雨打。爱是阳光，严是风暴，仅仅是用爱灌溉出来的孩子，只享受过阳光和雨露，没有经过强风暴雨，永远不能成长为参天大树。

爱子之心，人人皆有，但父母的爱要爱得深沉、爱得高远。所以，父母们不能"心太软，把所有的问题都自己扛"，要硬起心肠，藏起心中一半的爱，让孩子自己去成长。

1. 父母要学会用鼓励取代"包办"

当孩子尝试自己倒果汁的时候，你是否因为已经预想到大半果汁倒在地上弄得一塌糊涂的情形而大声说："宝宝别动，妈妈来帮你。"

你是否因为孩子尝试自己穿衣而把自己的小肚脐露在外面，对他说："妈妈来帮你穿。"

你是否因为孩子尝试做饭，而把电饭煲烧得黑了底时对孩子说："妈妈来做，你去看电视吧，一会儿就有饭吃了。"

那么在这样环境下成长的孩子将来即使考上了清华、北大也会回来安静地待在父母身边，因为他有足够的理由待在父母身边。他无法自己换洗衣服，没有办法自己一个人去食堂吃饭，无法适应没有父母照顾的集体生活……一个没有生活自理能力的人，是不能够自己独立生活的，学习成绩再好也没有意义。

所以，当孩子做不好事情或者遇到难题时，父母应该做的是鼓励，而不是代替。父母无微不至地照顾孩子，宁愿自己受苦，不愿孩子受累，不让孩子受一点点委屈，不让孩子动手做一点点事情。父母的"包办教育"只能培养出"高分低能"、"四体不勤，五谷不分"的孩子，这样的孩子经受不住任何的困难与挫折，更别提对社会有什么贡献了。

2. 坚决不让孩子和"懒惰"沾边

常言道："樱桃好吃树难栽，不下苦功花不开。"孩子们只有懂得了劳动的辛苦，才会珍惜果实的甘甜。一个好的习惯可以受用终身，孩子只有从小养成吃苦耐劳的习惯，才能获得真正的生存能力：当他独立面对生活时，才能经得住生活的打压，能以积极的心态去面对一切。

勤劳可以激励和促进着我们前进的脚步，但懒却也常常可以吞噬着我们进取的热情和动力。所以，在孩子的懒惰萌芽时就及时"扼杀"吧，别像寒号鸟一样，等到后悔就来不及了。

3. 严格要求，适当惩罚

孩子是父母的心头肉，特别是现代家庭多是一个孩子，所以父母疼爱孩子的心情是可以理解的。但这并不表示，可以任由孩子为所欲为，不去严加管教。所谓"打是亲，骂是爱"，这句俗语同样适用于教育孩子。当然，我们所说的"打"和"骂"并非是指棍棒教育，而是建立在爱的基础上对孩子行为的严格要求和适当责罚。

所以，当问题来临的时候，让孩子自己"扛住"，孩子会给你意外的惊喜。

只给孩子二分之一的爱，很多事情让孩子自己扛，让孩子早日长出坚强独立的翅膀，让孩子在遇到困难的时候迎难而上，用自己的力量去解决，从中收获成功的快乐。

❀ 不要打击你的孩子

曾经有这样一个小男孩，他热爱篮球到了疯狂的程度，他最大的梦想就是有朝一日站在 NBA 的赛场上。

可是，这个男孩先天条件不足，他的身高比同龄的孩子要矮很多，以这样的身高怎样去进军 NBA 赛场的角逐呢？所有的人都嘲笑他的异想天开。

就连他的朋友都说："你的梦想是永远都不可能实现的。"

邻居们也跟着挖苦："你看你的身子那么短，你这不是痴人说梦吗？"

在诸多"压力"下，他的父母也开始劝孩子放弃这个不切实际的想法："还是算了吧，你根本就不是打篮球的那块料。"

这个男孩不能相信，为什么平时那么疼爱自己的父母也觉得自己不行呢？

虽然所有的人都不看好自己，但是他依然坚信如果尝试着朝那个目标前进，他会非常有成就感。不是有那么一句话吗："做大家都认为不可能实现的事情，才会真正地体现这个人的实力。"也许幼小的男孩当时还不能明白自己的那份倔强和执着挽救了他。

他渐渐地长大，但是这个梦想从来都没有动摇过，他一直都在坚持不懈地练习投球、运球、传球等技巧，同时也不忘记对体能的锻炼。几乎每天人们都能看到他与不同的人在比赛。

虽然他的父母还是不相信他能出现在 NBA 赛场上，但是不管怎么样，他觉得离自己的梦想已经越来越近了。

功夫不负有心人，他终于成为镇上有名的篮球运动员，从代表全镇参加比赛到成为全州无人不知的篮球运动员，再到最佳的控球后卫，最终他如愿以偿地成为了 NBA 夏洛特黄蜂队的一名球员。这个男孩就是博格斯。

歌德曾经说过，哪里没有兴趣，哪里就没有记忆。一个孩子对某样东西产生兴趣，那是再自然不过的事情。

如果你的孩子喜欢跳舞，可是偏偏他没有曼妙的身姿，难道仅仅是因为这样你就会劝他打消这个念头吗？如果你的孩子喜欢钢琴，可是偏偏他没有修长的手指，难道仅仅是因为这样你就可以理直气壮地拒绝他要学琴的请求了吗？如果你的孩子喜欢画画，但是在他身上偏偏没让你感受到那种特有的艺术特质，难道仅仅是因为这样你就可以武断地表示你的态度——看看你的样子，你根本不是学那个的料啊！

仔细想想，家长的"偏见"曾经多少次将孩子那份跃跃欲试的期盼毁于一旦。

看完上面博格斯的故事，或许能给这样的"预言家"父母以启迪吧！

谁都没有想到当年那个"小萝卜头"会成为 NBA 赛场上的篮球运动员，显然，"不可能"也并不是绝对的。

也许博格斯父母应该庆幸，庆幸当年的博格斯不是一个轻言放弃的孩子，因为不轻易放弃，所以父母当年的那一番话就成为了永远的"过去式"。博格斯给自己的未来点亮的这盏灯难道还不足以让所有的父母相信你的孩子是有无限可能的吗？

所以，不要轻易对他说"算了吧，你不是那块料"，因为不是所有的孩子都像博格斯一样倔强，很多孩子听到父母说这样的话，会立即打消脑海中提前设定的种种计划，即使有一万个奇思妙想，也终究抵不过父母这样的一句话。

所以，当孩子站在你的面前有点手足无措又很慎重地跟你说他想试着去学什么时，请你告诉他："孩子，如果有兴趣，你可以试一试。"或者是相信你的孩子是有某种潜能的，去做孩子潜能的"挖掘者"。

1. 不要打击你的孩子

家长永远都不能忽视自己在孩子心里的地位，不要随随便便地就将孩子捧上天，也不要随随便便地摧毁孩子的求知欲和好奇心。父母在孩子的心里永远都是第一个权威的评价者，对于这一点，似乎很多父母都没能够充分意识到，因为经常听到家长对自己的孩子说这样的话：

"你这画的是什么呀，真是难看死了。"但是你是否想过这可能是孩子改了又改，修了又修，满怀希望地期待你夸奖的第一幅作品，就这样被你浇灭了他所有创作的热情。想一想，你不后悔吗？

"你别跳舞了，所有的孩子里面就你跳得最不好。"可是你有没有想过虽然孩子跳得不那么完美，但是他为此已经付出了他所有的努力，你了解他每天晚上反复踩着同样舞步的艰涩吗？你了解他背后想要呈现的是一种怎样的力量吗？对于这些，我们的家长有没有去仔细地思考过呢？

2. 欣赏孩子的与众不同

没有谁可以拥有预测孩子未来的"先见之明"，包括孩子的父母，所以任何时候，父母都要去发现自己孩子的与众不同，给他们一个可以自由呼吸的空间，不要以一个高姿态评论家的身份来拿捏孩子的兴趣爱好是否与他们自身"门当户对"，在不公正的言辞里，孩子最容易迷失自己，所以请不要随便给孩子的兴趣打"叉"，因为他们正在成长，他们还有无限的潜力。

3. 告诉孩子你很乐意支持他的想法

虽然做家长的会对孩子的一些想法表示质疑，但是这并不妨碍你支持他，不管有多少顾虑都不能与保护孩子刚刚萌芽的求知欲相提并论，告诉你的孩子："我很愿意拭目以待，我期待你会有好的成绩。"这样的话，你的孩子不但会很乐意与你分享他所有的心事，并且这对于建立一种健康的亲子关系也是至关重要的。

如果父母能够时时事事鼓励孩子，给予孩子体验的机会，那么他的潜能将得到最大程度的挖掘。

要知道，不管什么时候，你的孩子都不是一无是处，给他尝试的机会，允许你的孩子犯错误，其实也是一种高明的教育手段。

每一个孩子都有一对飞翔的翅膀，我们没有理由拒绝他们飞翔，对你的孩子说"大胆地去做吧"或者"放开手尝试着去干吧"，等等，也许很多年过后，你会眼前一亮，原来他已经不知不觉地长成了"那块料"。

从某一天开始，一切由他做主

刘媛媛是一个听话的乖乖女，遇事总是爱征求大人意见，在学校里也是做每件事之前都要经过老师的批准，父母发现女儿在这种情况下变得越来越没有主见。

有一次父亲带着女儿去买新衣服，这对一个小女孩来说自然是十分高兴。等到了商场之后，父亲让女儿自己去挑衣服，刘媛媛试穿一件之后，总是问爸爸："这件漂亮吗？我穿这件怎么样？"父亲故意不置可否，最后女儿在两件衣服间拿不定主意了，她一会儿摸摸这件，一会儿拿起那件来在自己身上比画着。看着女儿犹豫不决的样子，父亲故意说："既然你没有喜欢的，那我们不买了。"于是那次女儿只能极不情愿地跟着爸爸走出了商场。

有了这次买衣服的教训之后，女儿在新学期开学的时候终于自己做主买下了第一件物品——一双粉红色的鞋子。从那之后，刘媛媛开始慢慢地在日常生活的小事中学会了自己做主，渐渐地变成了一个有主见的女孩。更令父母开心的是，因为她遇事有主见，所以小伙伴们都愿意听她的，慢慢地刘媛媛成为了同学们中间的小领导。

我们注意到，生活中不少孩子对于本来应该是自己做决定的事情毫无主张，事事都要依赖父母，许多情况下，孩子的这种依赖心理会直接影响他的成长。

当选择让孩子自己做主的时候，许多父母担心孩子会犯错误，这也是大多数家长对孩子实行包办专制的原因。然而要知道，即使是成人在这个社会上生存时也会时常犯错误，犯错误不可怕，可怕的是犯了错误之后不懂得如何去改正和挽回。

试想一下，一直处在父母包办下的孩子，又如何知道在犯了错误之后去怎样改正和补救呢？当某天，父母再也无法为孩子遮风挡雨时，他们在自己的道路上不可避免地犯下错误之后，却不知道该如何去做，这样的情况是不是更加可怕？

为了孩子的幸福，请放开那只紧紧拉住他的手吧，从某一天开始，让他自己做主吧。

1. 赋予信任，相信孩子能够做好

同一个孩子，做同一件事情，有没有父母给予的信任，将会有不一样的结果。通常，来自父母的信任更能激起孩子的责任心，而且还可以增强孩子的自尊心和自信心。所以，父母要"舍得"放手，给孩子以信任，相信他能够把事情做好。如果孩子失败了，父母也不要指责孩子，而应帮助孩子分析一下原因，并给予指导，但绝不能完全包办。

2. 有所保留，不要对孩子用尽"全心全力"

毋庸置疑，没有一个父母不爱自己的孩子，但是，爱不能缺乏理智，不能爱得太盲目。要知道，即使父母为孩子做得再多，也不能替代他一辈子。聪明的做法是，早日放手，让孩子学会自己照顾自己，让孩子学会自己走路。例如，如果孩子要去洗碗，那么父母就不要担心他洗不干净，或者弄湿衣袖，而只需在一旁观察，并指导，让他练习就可以了；如果孩子的衣服不整齐了，父母不要伸手就帮他叠好，而应该让孩子自己抽时间叠好。

3. 不要纵容，让孩子自己想办法

由于从小受到父母及家人的照顾，孩子难免会产生一定的依赖心理。对此，父母不要一贯地纵容，而应努力培养孩子"自己想办法"的习惯。比如，当孩子不知道怎样才能把拼图拼起来的时候，父母可以引导他，先找最边上的部分，然后再寻找与每一块拼图有相同颜色的拼图。

孩子只有习惯了独立操作，才会逐渐养成凡事自己想办法的好习惯，同时他的判断能力也会随之增强。

有些父母经常会对孩子说："我多爱你啊，替你做这做那的。"可是家长们并不知道，替代不能等于爱。家长的替代实际上是剥夺了孩子感觉和实践的机会。

毫无疑问，如今的孩子长大后面对的将是快速变化的社会，迅猛发展的科技，这些无不包含着激烈的竞争。这就要求孩子们需要具备独立思考、判断、解决问题的能力，否则将难以生存和发展。所以，从孩子还小的时候，父母们就应该通过一点一滴的训练和培养，让孩子学会并习惯于自己做主。

❧ 允许孩子在自己的"地盘"当家

读初中三年级的娅娅有一次因为学校的临时安排，提前放学回家了。当她打开屋门的时候，正发现妈妈在自己的房间里，手里还拿着几本小说。

见此情景，娅娅很生气，因为她曾经不止一次和爸爸妈妈说过不能随便进自己的房间。这次妈妈明知故犯，让娅娅有些恼火。不过，她当时并没有冲妈妈发火，但当她进屋后发现自己锁得好好的抽屉也被翻过了，终于按捺不住想要和妈妈理论一番，没想到妈妈振振有词地说："我就是想检查一下你最近是不是用心读书了，还有不到半年的时间就要中考，我怕你分心。"

娅娅觉得妈妈不信任她，自己的努力都是白费工夫，第二天干脆赌气，任凭爸妈如何催促都不肯去上学。

情急之下，妈妈找到娅娅的班主任，抱怨孩子太叛逆，居然发展到不想学习的地步。

当过心理教师的班主任反复追问原因，妈妈承认是因为自己偷看了孩子的日记和抽屉，才导致她拒绝来学校。

老师告诉娅娅妈妈，青春期的孩子本来心理压力就很大，生怕父母不信任自己，这样的窥探无疑让孩子加深了这种印象，孩子已经长大，他们也有自己的生活空间和情感世界，此时只有信任孩子、鼓励孩子，给孩子一个自己的空间，才能赢得尊重和爱戴，更好地促进她的学习和生活。

班主任打电话请来娅娅，娅娅委屈地跟老师说："一直以来，我都很努力，我以为妈妈能够看到我的努力，没想到她这样不相信我，其实我也明白他们的用心良苦，但侵犯我的隐私只会让我越来越不相信父母，也越来越没有自信。"

了解到这些，妈妈诚恳地向娅娅道歉，并为她的小屋重新装上了一把门锁，郑重地把钥匙给她，承诺以后不会再未经允许到她的屋子里去。

当孩子从那个总爱缠着父母问东问西的小孩子，突然之间变成神秘兮兮，仿佛藏着很多隐私的少男少女的时候，父母们一时难以接受这样的改变，于是更加迫切地想知道孩子在想什么，在做什么，巴不得成为孩子肚子里的蛔虫。

殊不知，这并非是利于孩子学习和成长的好做法，不但不能因此获得孩子的坦诚，反而会让孩子越发排斥。

这是因为，处于这一时期的少男少女，当面对父母不计代价地窥探自己的隐私的时候，会感到自尊心在被深深地伤害，为此会给他们造成沉重的精神压力，甚至会因此对父母产生敌意，致使亲子关系紧张。

故事中，娅娅的妈妈起初就是犯了侵犯孩子隐私的错误，不过幸好她在最后关头及时调整了自己的做法，才没有造成不可挽回的后果。

德国著名哲学家康德曾说过："秘密是说与不说的游戏，孩子发现自己有了秘密，意味着他有了自己的内心世界。"每个孩子都渴望自由，能拥有一个完全属于自己的世界。小小的日记本就成为了他们秘密的载体。他们利用日记发泄心中的不满，制定心中的目标和理想，倾诉那些内心的小秘密……虽然微不足道，但同样不容侵犯和窥探。

世界著名的教育学家蒙台梭利女士在演讲时，常会提到这样一句话："Help me to do it by myself."意思是说："请帮助我，让我自己做。"在现实生活中，很多父母对孩子百般呵护，从他很小的时候开始，就什么都帮他做好，不让他费一点力气，这些看上去是父母的爱心，实际上却抹杀了孩子自我成长的机会。

作为父母，要知道，随着孩子一天天地长大，他们会自然而然地朝向成长前进发展，面对这种独立的愿望，父母最应该去做的是给予孩子独立的空间和锻炼的机会，让他们自己去探寻适合自己生存和发展的土壤。只有这样，孩子才有可能独立应对人生路上的风霜雨雪。

1. 为孩子创造锻炼独立性的机会

现在的父母们，为了孩子可以奉献自己的所有。为了让孩子上好学校，他们不惜代价；为了孩子考出好成绩，他们为孩子报各种辅导班；为了孩子多才多艺，他们不惜花费金钱让孩子学习音乐、舞蹈等很多课外兴趣班……

不难发现，家长们更多的是将精力花费在孩子的学习上，而忽视了对孩子独立自主能力进行培养。比如，父母们对家务活大包大揽，即使一双袜子也不会让孩子自己去洗，在生活上可以说关怀备至。父母们的头脑里只有一个思想：只要孩子学习好，父母就会尽最大可能去满足他的任何愿望。

实际上，这种无微不至、无处不在的"爱和关怀"，恰恰削弱了孩子本来应该具备的独立生活的能力。久而久之，孩子便无法形成独立自主的人格特质。

因此，真正智慧的父母，会大胆地放开自己的手，为孩子多创造一些锻炼独立性的机会。这样，孩子才能在各种生活技能的体验中健康快乐地成长，并最终成为德才兼备、令父母满意的孩子。

2. 正确对待孩子的隐私

父母们需要明白的是，孩子一旦有了自己的秘密，他就和自己的内心立下了一个承诺。而父母不管用什么手段进行挖掘，都无异于在孩子的心灵上刻下一道伤痕。

父母们可能会说了，难道就听之任之，对孩子的隐私一点也不过问吗？万一出现问题怎么办呢？在此，我们提出几点建议，帮助父母们正确对待孩子的隐私，希望能为您提供帮助：

尊重孩子的独立人格。随着孩子年龄的增长，他们的独立人格也会日趋形成，随之而来的"保密性"需求也会越来越强，比如他们的日记和书信、与同学交往与谈话的内容等，往往不想让父母"了如指掌"。但父母们却不能因此就偷看孩子的日记、私拆孩子信件，正确的做法是，父母最好转换一下角色，以朋友的身份和孩子融洽相处。这样一来，孩子才会感受到自己被尊重，也就更愿意敞开心扉，向父母透露自己的隐私。

及时掌握孩子的思想状态。父母们对于现今复杂的社会环境，常常存在一些担忧。这是很有必要的，因为哪个家长都不希望孩子被一些不健康的因素侵蚀，比如抽烟喝酒、和一些混混来往、青春期早恋，等等。

为此，父母要在生活中密切观察孩子的言行，以便及时掌握孩子"隐秘世界"的蛛丝马迹，一旦发现什么苗头，好对症下药，给予孩子正确的引导。

3. 培养孩子明辨是非的能力

虽然进入青春期的孩子自主意识较强烈，但由于他们尚未形成正确的人生观，往往导致是非观念不强、自控能力较差，在处理情感、人际关系、学业等诸多问题的时候，还不能把握好尺度。

因此，父母要在细心观察孩子思想动态的同时，根据孩子的性格、爱好等有针对性地采取相应措施，培养孩子明辨是非的能力，以此来引导孩子认识自己隐私的正确与否，从而规范自己的行为。

当然，我们提倡让孩子独立自主，允许孩子有独立的空间，并非是告诉家长放任自流，而是建议家长在此基础上，给孩子正确的引导，只有在教会孩子如何正确判断、决策和承担后，给予他独立自主的机会，他才能锻炼得更好、更强。

❋ 孩子一生受用的能力：独立思考

有着"数学王子"之称的德国数学家高斯，是个从小就善于思考的人。

高斯的父亲在一个泥瓦厂当工头，每到周末他就要给手下的工人们发工资。高斯3岁那年，有一次在爸爸正要发工资的时候，发现了问题，他马上说："爸爸，你弄错了。"

父亲疑惑地望着儿子，高斯很快就给出了另外一个数目。

原来，小高斯在爸爸计算工资数额的时候，他也趴在地板上，暗地里跟着爸爸算该给谁多少工钱。爸爸又算了一遍，果然是儿子的正确，为此他惊讶不已。

在高斯10岁的时候，数学老师给他们出了个题目：计算出"1+2+3+4……+100=?"的答案。虽说现在我们对这个问题的答案都知道了，但在当时那个时候，对几岁大的孩子来说，却实属不易。

为了尽快算出答案，孩子们立刻在草稿纸上做了起来。

令人奇怪的是，小高斯却没有动手，他是偷懒吗？

原来，小高斯在思考：难道一定得经过这么复杂的计算过程吗？

这时候，老师发现高斯没有动笔，而是皱着眉头想事情的样子，于是走上前来问他怎么了，为何还不开始计算。小高斯笑了笑，对老师说，他已经知道答案了，是5050。

老师被惊得目瞪口呆。

高斯对老师说，他仔细观察了这些数字，发现这一组数字中1加100等于101、2加99等于101……这样的等式一共有50个，因此这道题可以化简为"101×50=5050"。

看完高斯的故事，也许你会觉得他简直是个神童！其实，神童并非先天资质多么优越，只不过他们都有一个共同点，那就是喜欢思考。高斯正是因为善于思考，所以才做出了令人惊异不已的事。

可是，看看我们现在很多孩子，多数情况下都是一遇到困难，就想从父母或者其他人那里得到帮助，获取现成的答案。

实际上，孩子只有从小学会独立思考，才会更具有创造力，长大后也能够更好地掌握自己的命运。而作为父母，最重要的就是要培养孩子的独立能力，让他懂得如何去思考，改变自己的人生轨迹，并为自己的人生绘出美好的蓝图。

关于勤于思考这一点，现代原子物理学的奠基人卢瑟福十分推崇，有一个这样的小故事可以证明这点：

一天深夜，卢瑟福偶然发现一名学生还在实验室埋头工作，便好奇地走上前去问他："今天上午你在做什么？"学生答道："在做实验。""那么下午呢？"学生说："做实验。"听学生这样回答，卢瑟福不禁皱起了眉头，然后继续问他道："你晚上在做什么呢？""也在做实验。"学生说完奇怪地看着老师，不知他想说什么。

令这位学生没想到的是，卢瑟福大为恼火，严厉斥责他说："你一天到晚都在做实验，那你想没想过，什么时候用来思考？"

在这个故事中，看似是一个勤奋的学生遭到斥责，委屈无比，但实际上恨铁不成钢的老师指出了学生迟迟无法成功的症结。

由此看来，要培养一个有教养、有气质的优秀孩子，在他们成长时期，就要让他们知道学会思考比获得知识更重要，这会为他们以后的成功奠定良好的基础。

1. 鼓励孩子发表自己的看法

在很多家庭的教育中，都存在"父母专制"的现象。他们认为，自己比孩子经验丰富，自己的判断、决定也是强于孩子的，所以孩子只听就行了，没必要参与讨论。

殊不知，这样下去，孩子凡事就都依赖父母了，在他的心里会认为，怎么都得听父母的，自己也就没有必要发表意见。这样一来，孩子独立思考的能力不就被扼杀了吗？

其实，在任何情况下，孩子都应当被允许表达意见，不仅仅是他可接受的、安全的话题，而且要允许讨论、争论。这对孩子思考能力的发展是至关重要的因素。

如果孩子的意见正确，父母要肯定、表扬，让孩子增强发表意见的信心。在这种鼓励下，孩子爱思考的积极性就会大大增强，这样也就达到了父母培养孩子思维能力的目的。

2. 保护孩子的好奇心

好奇心是孩子的天性，他们对所有看到的、听到的，甚至想到的事物都会好奇，想探个究竟。其实，这正是孩子求知欲望的反映，也是孩子智慧火花的迸发。

看看身边那些有主见、有思想的孩子，他们往往具有较强的好奇心。因为正是好奇心的驱使，使他们乐于探索和思考，并逐渐形成探索和思考的习惯。因此，作为父母，一定要尊重、保护和正确引导孩子的好奇心。

比如，当孩子提出问题的时候，父母只要知道，就要准确、通俗地给出答复；如果父母一时不知道答案，就要和孩子一起查资料或者请教别人，最终找到正确答案。这对培养孩子的想象力、思维能力有很大的帮助。

3. 多为孩子创造思考的情境

在培养孩子爱思考的过程中，父母可采取向孩子提问的方式，这样会激起孩子了解问题答案的兴趣。这种提问，就是一种创造思考情境的方式。

所以，父母可以多带孩子一起外出游玩、参观，然后问孩子看到了什么，听到了什么。或者就某个问题和孩子展开讨论，问问孩子他的想法是怎么样的，或者他觉得怎样会更好，等等。

其实，这种思考情境的创设，除了培养孩子爱思考的能力和习惯外，也是保持家庭成员之间和睦相处的良好渠道。这样，会让孩子感觉自己在民主的气氛中成长，不会有什么拘束和压力。

事实上，每个孩子都有一定的独立思考的能力，所以，在平时，父母不要急于给孩子现成的答案，而应鼓励孩子自己认真思考一下。如果孩子通过认真思考，还是想不出来，父母可以逐步提示，以此引导孩子思考。如果孩子回答错了，父母也不要指责孩子，而应耐心地为他讲解，同时提一些启发性的问题，来让孩子自己去发现和纠正错误。

如此一来，你的孩子必将成为一个勤于思考、睿智理性的人。

✤让孩子懂得自律，有所为有所不为

乔东是个4岁半的小男孩，虎头虎脑的样子很招人喜爱。但每次笑起来的时候，乔东那两行被虫蛀的牙齿让这个白胖可爱的小男孩逊色不少。

为了控制儿子吃糖，妈妈把家里所有的糖都藏了起来，每当家里来了客人，就开始担心客人会带来糖果。可是家里的地方毕竟有限，每次乔东发现哪里有糖，总会吃个没完，不给他还吵闹不停。

无奈，妈妈只好到网上寻求帮助，果然学了一招。妈妈告诉乔东："以后家里的糖都归你保管，但是糖吃多了没有好处，因此每天你只可以吃两块，如果你能按照这个约定坚持一周，那么周日可以另外奖励一颗精美的巧克力。"

乔东觉得如果每天吃两块糖，自己还可以赚巧克力，简直太划算了。于是，他高兴地答应了。一开始的两天，乔东还是忍不住多吃，妈妈并没有多说什么，而是告诉他："自己答应的事情，一定要做到。"

一段时间过后，妈妈惊喜地发现，乔东开始严格遵守他们之间的约定。坚持到一个月的时候，妈妈亲自带着乔东到超市买了一盒精美的巧克力。

很多父母大概都会遇到类似乔东吃糖这样的事，有的孩子可能是吃冰棍，有的可能是喝冷饮。

其实，在孩子幼年时期，所做的事情基本都是受冲动和欲望影响的，他们不会控制自己的欲望和感情，直到三四岁之后，才逐渐拥有较少的自律能力。

既然如此，父母们就该向故事中乔东的妈妈学习，及时为孩子制定规矩，来培养孩子的自制力，让他知道什么该做，什么不该做。

懂得自律，不仅仅对孩子身体的成长发育有好处，更关键的是，它事关孩子成长的整个过程，乃至他的整个人生。因为只有一个拥有足够的自我管理和自律能力的孩子，才能更好地掌控自己的行为，想做的事情可以让自己做到，不想做的事情也可以控制住自己的念头，唯有如此，在他长大后才能有所成就。

有位美国的心理学家曾进行过这样一个实验：将几个孩子留在一个放有巧克力的房间，叮嘱孩子们在半小时内不要吃桌上的巧克力，能够做到的孩子将会获得双倍的奖励。半个小时后，只有一个孩子没有碰桌上的巧克力，他受到了奖励，而其他人则被取消了享用更多巧克力的机会。

第一次实验结束后，研究人员对其他孩子进行心理辅导，并告诉他们短时间控制自己的需要会获得好处，经过3次反复实验后，所有的孩子才产生了免疫力，在半小时内没有去碰巧克力。

这个实验告诉了我们两点，第一点是一开始就懂得自律的孩子很少，第二点是孩子自制力的建设只有通过反复进行才能获得较好的效果。

所以，父母们要做好充分的心理准备，让自己带着耐心来对待孩子的每一步成长。相信只要父母能够坚持不懈，那么你的孩子成为一个懂得有所为，有所不为的人将指日可待。

1. 适度放手，让孩子独立面对

这里所说的放手，当然不是让家长对孩子放任不管，而是指在一定程度上逐步放手，比如在孩子做作业的时候，有些父母可能习惯于盯着他写，当他升入一个新的年级或刚刚过完某个生日之后，可以郑重地对他说："你已经长大了，试试自己做功课，做完后拿来给我看好吗？"

在对孩子放手的前期，有些时候他可能不懂如何处理，这时父母应该鼓励他进行尝试，比如他对今天该穿哪件衣服犹豫不决的时候，可以为他拿出几件衣服，然后对他说："今天有点凉，该穿长袖的衣服了，你挑一件吧。"通过这样的细微锻炼，他会逐渐学会自己做选择。

2. 做好示范，起到榜样的作用

没有哪个孩子天生就懂得自律，而枯燥的说教除了引起他的反感外，什么效果也达不到，因此父母应该懂得如何给孩子作出示范。比如发现孩子的房间比较杂乱，又想让他锻炼自己收拾的时候，可以抽个周末，假装抱怨自己的房间乱七八糟，打算收拾整齐，于是告诉孩子："你帮我一起收拾一下房间好吗？"受到邀请的孩子会感受到父母的信任，于是兴致勃勃地帮忙，一旦完成得比较好，且得到鼓励和表扬，那么他一定会主动将自己的房间也打扫干净。

3. 学会提醒和倾谈，给孩子接受的空间

父母如果突然提出不允许孩子做的事，那么很可能会引起孩子的反感，所以在对孩子进行要求和规范之前,最好提前给他一个准备时间。比如发现孩子看电视的时间较长,不要马上把电视关掉,可以在开始的时候和他约定收看时间,到接近时间的时候再给他预告,告诉他:"时间快到了,再过15分钟我就要关掉了。"这样做可以让孩子有时间来面对内心的不情愿,然后慢慢适应。给他一个预告时间,协助他学习接受得不到或不舍得,这是自律中十分重要的元素之一。

每个孩子就像上帝派来的天使一样,他们的内心纯洁无瑕,也正是因为如此,他们思维的特点往往是以自我为中心的。这个时候的他,还不懂得如何自我约束。在孩子的意志和人格还处在不健全阶段的时候,如果父母不对孩子进行及时的引导,让他懂得自律的重要性和方式方法,那么在此后的阶段中,他将很难拥有自律的良好习惯。因此,为了孩子健康地成长和良好地发展,父母们就要从现在开始,注重培养孩子的自律精神了。

❀有主见,主宰自己的人生

立强是一个自主能力非常强的人,无论什么事情他总有自己的一些看法,深受朋友和老板的喜爱。而立强今天所具备的决策能力与母亲的教诲是难以分开的。

那时候,立强正在上三年级,学校要举行一场演讲比赛,立强非常想参加,但是,想想那天台下上千人的学生和家长盯着自己,他又开始犹豫了。放学回家后也是闷闷不乐,不知如何是好。最后他决定向妈妈求救:"妈妈,我们学校要举行演讲比赛，我想去参加。"立强的妈妈听说儿子要参加演讲比赛，自然非常赞成："这是好事啊，妈妈支持你，不过你报名了吗？"

这时候立强才吞吞吐吐地说："还没有，那么多人我怕我不敢。妈妈，你说我去不去参加啊？"

这时候，立强的妈妈严肃地说："妈妈只能说，这是一次很好的锻炼机会，不过到底参不参加，还是你自己决定吧。"

人们常说，生命的价值在于选择，每个人每时每刻都可能站在十字路口进行着自己的选择。选择对了，可能就会成就一个人的一生，如果选择错了就可能毁掉一个人的一生，所以说，在做出自己抉择的时候，一定要三思而后行。

孩子也是如此，在很多情况下孩子也有自己的主见，有发表自己意见的权利。然而，很多父母却没有意识到这一点，在孩子的人生需要选择的时候，他们总是一手包办，不让孩子去选择。当孩子因为这而抱怨父母的时候，很多父母却给自己找了很好的借口："孩子本身就需要保护，我们爱他，所以才为他做了选择。"

正是由于父母的"专政"，让当今社会的很多孩子没有自主意识，他们习惯于别人为自己做选择，习惯了跟随别人的脚步。而这样的孩子是很难在社会上立足的，他们不懂得另辟蹊径，不懂得别出心裁，一味地听从别人给自己安排的道路。由此一来，孩子获取资源的途径越来越少，获取的知识也愈来愈少，最后成为了一个连说"不"都不敢的孩子。

相信任何一个父母都不希望自己的孩子成为这样，都希望自己的孩子在未来的人生中打造属于自己的事业。既然如此，父母就要知道，孩子将来要主宰自己的人生，要面临很多的选择，只有具备了很强的决策能力，孩子才能够为自己的人生做出正确的选择，才能够成就自己的一生。

其实，在孩子刚一出生的时候，他们就已经有了发表见解的企图，如见到自己喜欢的东西，就会伸手不断地去抚摸；当非常喜欢一个人抱自己的时候，他们会依偎在那人的肩头；当不喜欢某人时，他们会大哭大闹……这些都是孩子"决策"的表现，随着孩子年龄的增长，这样的自主意识会逐渐增强。如果父母从小就为孩子作决定，压制他们独有的想法，那么，20年后的孩子就会成为一个没有责任感、没有自主意识的人。

父母要想孩子在多年后获得幸福的生活，独自开创自己的天地，那么在他还小的时候，就要懂得放手，让孩子自己作决定。

1. 在生活中培养孩子的决策能力

孩子经常被人们称为"温室里的花朵"，所以很多时候总是试图保护孩子，让他们不受任何的风吹雨打。然而，当孩子渐渐走出襁褓，成为一个独立的人的时候，他们则需要一种主见。作为孩子的父母，不可以忽视对孩子的主见的培养，而要在生活的点滴中培养孩子的决策能力。

在平时没事的时候带着孩子出外走走，在玩的过程中，可以问他一些问题，比如"你感觉这个公园怎么样？""你说那个人是做什么的？"……让孩子在这样的引导下去进行遐想，发表自己的看法。父母在决定家里的事情时，可以让孩子也参与进去，说说自己的见解和意见。时间久了，孩子就会养成独立思考的习惯，也就具备了一定的决策能力。

2. 让孩子自己去选择

"妈妈，我想要那件红色的连衣裙。"小杰拉着妈妈的衣服说道。"那件衣服太红了，而且很不好，你就要那件白色的吧。"妈妈给小杰说完就毫不犹豫地给买下了那件白色的裙子。

"妈妈，我想去报名学习钢琴。"小杰又一次对妈妈说出自己的想法。妈妈却说："钢琴有什么好学的，我看还是去给你报一个美术班吧。"于是在不征求小杰意见的情况下，妈妈给小杰报了美术班。

从那以后，小杰再也没有为自己选择过，因为她知道妈妈会为自己安排。

孩子天生较弱，但这并不代表他们没有抉择的权利，要想让孩子成为有主见的人，父母就要及时地放手，让他们感觉到生命的五彩斑斓。只有让孩子自己去决定自己的事情，他们才会感觉到自己就是人生的主宰者，才会有更多的信心开创自己的人生。

3. 父母的权威性依然存在

很多父母都认为在孩子面前，父母必须有权威，才可能培育出优秀的孩子，但是，父母的权威却让孩子失去了决策的权利。在很多父母意识到给予孩子决策能力的重要性后，有的父母采取了完全"授权"的方式，最后同样难以培育出优秀的孩子。

其实，在培育孩子决策能力的过程中，父母必须掌控好大人的权威，不可以专政，但也不可能完全授权。如果孩子每天给自己规定练一个小时的小提琴，但是直到睡觉了，他还没有开始，这个时候，父母就应该拿出自己的权威，督促孩子去完成自己给自己的规定，抑或逼迫他重新制订自己的计划。

❖ 选择与放弃，人生必修课

冯磊是一个由父亲培养成才的青年。在一次优秀学生父母的交流会上，冯磊的父亲受邀讲了一些自己在教育孩子方面的看法和理念，其中他特别介绍了他当初教育孩子学会选择的经历，很值得读者朋友借鉴：

素质教育被社会广泛认同，几乎所有的父母都希望自己的孩子能够成为全面发展的全能型人才。我自然也不例外，一直以来我都希望自己的儿子能够成为这样的人才。只要是儿子愿意学习的，我都会尽量去满足他的要求，想方设法为他创造良好的环境让他去学习。

尽管如此，我从不要求或者说奢望自己的孩子能够把这些知识学到登峰造极的程度，因为我很清楚，这是不现实的，而且是没有必要的，全才并不是无所不会的超人。

当初，我经常这样告诉儿子，当遇到问题时，如果事情还有转机，能争取的要努力争取，如果事情到了无力回天的境地就没必要浪费更多的时间去继续坚持下去。

在儿子8岁那年，有一天他忽然告诉父亲说，他不想学习了，而要去做一个侠客去救济世人。对于他"不知天高地厚"的想法，我并没有不耐烦，而是告诉他，想要成为侠客得有过硬的功夫，而学习这些功夫的机会是非常小的。我还告诉儿子，之前讲到的故事中的行侠仗义的好汉们，大多是作者虚构出来的，现实中不会有那样的超人存在。况且每个人都有自己的长处，救济世人不一定非要练就一身功夫，而通过所学的文学、数学、外语等知识照样可以去造福人类。只要将自己的才能发挥好，在任何领域都可以成为一个英雄。每一个英雄人物都懂得什么时候该放弃，什么时候该争取。

儿子似乎听懂了父亲的话，对英雄也有了更为深刻的了解，同时也知道人生必须学会选择、学会放弃的道理。

从这段话中我们不难感受到，冯磊父亲的做法很明智，在他的培养下，孩子懂得了凡事有选择，也有放弃。同时，他也激励孩子，如果想成就自己的梦想，可以从眼下的点点滴滴做起，积累了足够的知识，同样可以造福人类。而这，就是一种选择。

其实，我们每个人的人生在某种意义上何尝不是在不断地选择与取舍。选择就意味着要么放弃、要么争取。选择了做教师，就得放弃做医生；选择了来北京，就放弃了去上海……选择因此成为了生存能力中重要的一个方面。做出怎样的选择，将直接影响到我们下一步的生活、机遇乃至整个人生。

事实上，各种各样的选择从小孩子时就开始了，所以家庭教育中，为了让孩子多做正确的有意义的选择，父母应多给孩子选择的机会，培养孩子掌握选择、判断和取舍的能力。同时，当孩子感受到更多的选择的机会时，他会产生一种被信任、被尊重的感觉，从而内在的自信心和成就感就会增强，这会使他们感受到自己能把握生活。

当然，由于孩子还不成熟，还没有确立正确的世界观和价值观，更多的时候，还需要父母为其充当冷静舵手的角色，帮助孩子选择他的人生航向。

1. 培养果敢精神，让孩子敢于大胆决策

一位资深媒体人在采访过无数个成功人士后，得出了这样的结论：果断决策的能力是成功的先决条件。在我们的一生中，可以说选择无处不在。如果在选择过程中犹豫不决，思前想后，那么可能就有些谨慎有余，果敢不足了，这样，我们很可能就会白白失掉很多机会。

所以，在培养孩子的过程中，父母要注重培养孩子果敢的精神，让孩子克服犹豫不决、优柔寡断的毛病。比如，孩子要给老师送教师节礼物，父母可以给他划定一个费用范围，在这个范围内让孩子任选，但是时间是有限制的，让孩子在10分钟内必须选好；或者孩子对于自己报什么兴趣班犹疑不定，父母可告诉他，不管学什么，只要认真地学就会有所收获，大胆地选，父母不会干涉。

如此一来，孩子就没有后顾之忧，做起选择来也就果决很多。

2. 培养淡泊名利的思想，让孩子在"知足"中成长

父母们大都有这样的认识：一个人的欲望越强，往往就越痛苦；而一个人的欲望越小，则往往越幸福。

因此，我们有必要让孩子从小就学会放弃对物质财富的过分追求，淡泊名利。比如，父母可以通过讲一些类似的故事来教育孩子，让他看到，那些钱财非常多的人，同样有不快乐的时候，真正的快乐和幸福，并不是有多少钱，而是通过自己的努力一天比一天好。

3. 多创造机会，让孩子接受"选择"的历练

有时候孩子的一些做法可能从客观角度来讲根本不可能成功，比如一个美术资质欠缺的孩子，想学绘画。父母这时候可能就会犹豫，担心孩子绘画多年之后才发现自己没这方面的天赋，那时候孩子该做何选择？

如果遇到类似问题，我们建议，父母还是应该给孩子提供选择的机会。

父母们一定要认识到，我们不能为孩子的未来设定固定的模式，因为那样的模式是属于父母自己，而不是属于孩子的。如果我们能将孩子的人生坐标放在一个比较宽广的背景下，那么孩子成功的标准也就相应会增加很多。

总而言之，作为父母，让孩子懂得选择，懂得放弃是非常必要的。

❋ 有计划地调配自己的时间

4岁多的雯雯每天上幼儿园之前，都要和妈妈进行一场"内战"。妈妈催促她赶紧刷牙洗脸，换衣服和鞋子，雯雯则慢慢腾腾，注意力也经常被转移到别处。妈妈就冲着雯雯大喊，雯雯要么气鼓鼓地不予理睬，要么和妈妈对抗。如果妈妈再严厉一点，雯雯就会很不情愿地表面上答应，而行动并没有跟上，依然是磨磨蹭蹭的。每一件事情都要进行这样一番"较量"，结果经常是雯雯上幼儿园迟到，雯雯妈上班迟到。对此，雯雯妈很无奈，她不知道怎样才能改变现在的状况。

拖拉、磨蹭等行为习惯，是世界性的儿童行为问题。针对这样的情况，家长需要有耐心和方法，逐步使孩子树立时间观念。

有些父母可能会觉得时间观念的培养不需要很早进行，当孩子慢慢懂事了自然就会改变。其实不然，时间观念的培养不仅仅是指对时间的认知，更重要的是对时间的把握和感觉。一个有时间概念的孩子，通常做事情都比较有条理、主次分明，懂得合理地使用和分配时间。这种时间概念的培养，与父母的引导息息相关。家长有目的地训练孩子的时间支配能力，培养孩子有条理的思维习惯，是非常重要的。

要知道，每个人都是在时间的河流中开始了自己的人生旅途，每个人生命的发展也都是在时间的流逝中进行的。谁能够把握时间，谁就懂得如何利用时间，谁就更容易接近成功的终点。所以，希望孩子成才的家长，要培养孩子做时间的主人，这将会使他们受益终身。

培养孩子的时间观念，从幼儿阶段就可以进行了。这一时期的孩子，虽然还没有明确的时间概念，但是父母可以通过采取一些方法来适当引导孩子养成珍惜时间、善于利用时间的好习惯，比如，孩子吃饭的时候拖拉磨蹭，父母可以告诉他，如果快一点吃完，接下来会有更多的时间去做游戏；孩子穿鞋很慢，家长可以对他说，数 10 个数，看看能不能穿好。家长还可以采取正反两方面的比较法。例如，在孩子磨蹭的时候，家长可以说："你的好朋友琳琳现在已经到幼儿园了吧，她今天洗脸刷牙肯定都比较快。"或者"昨天遇到鹏鹏妈妈，她说鹏鹏上幼儿园迟到了，就是因为没有快点换衣服和鞋子。"

诸如此类的事情，父母如果能够及时并且恰当地运用，那么对培养孩子的时间观念将会大有裨益。

诚然，"时间"这个看不见、摸不着，却又相当重要的概念，较难通过口头告知的方式，让孩子有所感悟。父母只得多费点心，配合孩子的成长，利用他所熟知的事物联结时间观念，帮助他了解时间的意义。

当然，孩子们眼中的时间是抽象的，贪玩的他们体会不到时间的重要性。

所以，作为父母一定要为孩子树立正确的时间观念。

其实，孩子越小，培养习惯也就越容易。一旦孩子养成了做事麻利的好习惯，那么随着年龄的增长，就会逐步形成较强的时间观念，懂得珍惜时间和合理利用时间。

1. 教育孩子学会集中精力做事

父母应教育孩子明白，做事就做事，玩就是玩，而且事情要一件一件地做，不可一心二用，为此，父母要指导孩子养成做事有头有尾、善始善终的习惯。

2. 让孩子品尝耽误时间的苦果

不少父母反映自己孩子做事拖拉磨蹭，缺乏时间观念。其实，这些问题和家长对孩子的娇生惯养是不无关系的。要想改变这一点，父母可以试着让孩子自己承担某些不良后果，一旦孩子亲自品尝到耽误时间的苦果，心里自然会不舒服，就会汲取教训，今后重犯的可能性就小了。这种教育方法叫作"自然后果惩罚"法。

3. 善用计时器，告别拖拖拉拉

假如需要特别强调时间的段落性，家长可选用孩子较感兴趣的计时物品，如小闹钟、手机等，设定游戏的时间，让孩子知道当铃声响起的那一刻，就要进行其他的活动。选用这些计时器，一方面可以帮孩子建立时间观念，另一方面孩子配合度较高，而在孩子表现良好，或主动准备或收拾物品时，家长别忘了给予肯定，鼓励他保持下来。

4. 父母以身作则，为孩子树立榜样

父母是孩子学习及模仿的范本，因此家长的生活安排，对孩子必定有很大的影响。父母如果作息混乱，没有时间观念，那么孩子自然会效仿父母。

因此，若要培养孩子珍惜和合理利用时间的习惯，父母首先得做好表率，以身作则培养孩子的时间观念。

孩子将来面临的是一个快节奏、讲效率的时代。要立足于社会，获得事业上的成就，从幼儿期父母就有必要教育他们懂得珍惜时间和合理利用时间。只有这样，才能使孩子养成雷厉风行的做事习惯，干什么事也都有责任感和紧迫感。当然，对年幼的孩子来说，培养时间观念需要父母有足够的耐心和科学的方法，并且能够以身作则，这样才能达到潜移默化的功效。

❀ 让孩子扛起责任的大旗

一位著名的记者到瑞士访问的时候，无意中在卫生间发现一件让他吃惊的事。他看到一个10岁左右的小男孩进到隔壁的小洗手间，很长时间都没有出来。他注意倾听了一会儿，听到里边发出一些奇特的响动。

由于好奇，这个记者又听了一会儿，小男孩还是没有出来。他担心这个孩子遭到意外，就走近小洗手间，透过门缝观察里边的情况。结果里面的景象让他惊呆了！原来，这个孩子在修理马桶！经过询问才得知，小男孩上完厕所后，发现不能冲水，于是他就一直待在那里，想方设法要把马桶修好。

看完这个故事，父母们是不是和这个记者一样感到惊诧？别说一个孩子，即使很多成年人遇到类似情况也会一走了之。但是这个小男孩却没有这样做，在责任感的驱使下，他独自承担了一件对他来讲颇有难度的事。

不得不承认，这个男孩的父母对他所进行的教育是相当成功的。因为责任心是衡量一个人是否成熟的重要标准，同时责任心也是一种习惯性行为，是成为一个优秀的人所必备的素质之一。我们的孩子只有拥有了责任心，才能拥有前进的动力，进而取得更好的成就。

父母们无不希望自己的孩子将来能够成为一个有责任心的人，然而现代家庭的教育却不尽如人意，很多孩子只会坐享其成，没有责任心。

究其原因，很大程度上是和父母望子成龙心切有关。在这种急切渴望孩子成才的愿望驱使下，他们心甘情愿地倾其所有，尽己所能，恨不得把孩子身上的担子都转移到自己身上来，不让孩子经历一点风风雨雨。

这些父母不知道，他们这样做的结果往往是孩子逐渐丧失了奋发向上的动力，也就无法培养起强烈的责任心，既如此，又有什么成才成功可谈呢？

几经波折，最后终于登上美国总统宝座的林肯曾这样说过："人所能负的责任，我必能负；人所不能负的责任，我亦能负，如此，才能磨炼自己。"

事实上，责任感是任何一个民族和文化崇尚的最重要的道德品质之一，凡是社会中的一员，不管是青壮年还是老年人，抑或是孩子，都需要承担责任。责任感是我们每个人对自己言行所带来的价值进行自我判断后的情感体验，更是我们安身立命的基础。

1. 通过言传身教来引导和影响孩子

一个人的责任心绝非与生俱来，而是经过父母从小的培养才能得来，而其中最有效的方法，莫过于日常生活中的言传身教。

我们都知道伟大的科学家诺贝尔。据说，他的父亲一直对研制炸药很感兴趣。一次，诺贝尔问父亲："这种会伤人的可怕东西，为什么还要研制它？"父亲告诉他："炸药虽然会伤人，但我们能够利用它来开凿矿山、采集岩石、修筑铁路、公路和水坝，为人们造福呀！"听父亲这么说，诺贝尔点点头，然后在心里作出决定：长大了，也要像父亲一样研究炸药，造福人类。

不难看出，诺贝尔深受父亲责任感和事业心的影响。事实上，这种言传身教的方式远比听上去漂亮的理论有效得多。

所以说，想要培养孩子的责任感，让他对某件事情负责到底，父母得先让自己成为一个有责任感的人，遇到什么事情都敢于承担，而不是推卸责任。只有这样，才能让你的孩子从父母身上学会对其自身的行为负责任。

2. 让孩子知道他需要承担一定的责任

一些父母在教育孩子的时候，往往因为方式不当，而将一些不恰当的观念灌输给孩子。比如，有的父母想培养孩子爱劳动的习惯，就会对孩子说"来，帮妈妈洗洗碗"，或者"宝宝可不可以帮爸爸擦地板"，等等。殊不知，这样会让孩子认为做家务是父母的事，和自己没有直接的关系，不属于自己的责任范围；他向父母"伸出援手"不过是在自己乐意的情况下所进行的偶然行为，而根本不会把这看作自己分内的事。

如果想让孩子拥有责任感，这样的教育方式显然不行。我们应该让孩子明白他作为家庭中的一员，也应该和爸爸妈妈一样，承担相应的责任。父母们不妨在要求孩子做家务的时候这样告诉他："我们每个人都有做家务的义务，你所做的事情是你应该负责的部分。"通过这样明确的引导，孩子会从小建立起对责任感的概念，并学会为一些事情承担责任。

3. 让孩子学会处理自己的事情

有些父母大包大揽，几乎把孩子的事务都给包办了，这样孩子就没有伸展手脚的机会，也就没有责任意识。所以，要想培养孩子的责任心，需要父母克制包办的欲望，在孩子学习和生活中及时纠正他的不良习惯，让他学会自己的事情自己做。

随着孩子年龄的逐渐增长，他所做的事情也会一点点多起来，父母就可以据此进行明确的分工，分配孩子做一些在他力所能及范围之内的事。这样就会帮助孩子克服依赖性，学会独立做事的同时，责任感也得到了培养。

4. 让孩子体验成功

当孩子由于自己的努力获得一定成绩的时候，他的内心十分渴望别人的认可，因为任何成绩都是在克服困难的基础上取得的，假如此时父母能够给予及时的积极肯定，那么他会在增强自信心和成功感的同时，明白自己原来可以做很多事情，自己应该做很多事情并且能做得很好。

一位10岁的男孩揽下了家里所有倒垃圾的工作，并始终乐此不疲。之所以如此，原来是在他5岁的时候，父母为了鼓励他参加家务劳动，在他偶尔一次帮助家人倒垃圾的时候，给了他很高的评价。父母夸他是自己的好帮手，是个能干的小伙子。这大大激发了男孩主动倒垃圾的自豪感，并逐渐形成了习惯，以至于这项劳动作为他分内的事，一直坚持了5年，并当作了一种责任。

除了对孩子良好行为的肯定和鼓励来让孩子体验成功，父母还要教育孩子在他人遇到困难的时候，伸出援手，提供帮助，当孩子感受到被帮助的人的感激时，他会体验到自身价值，并对自己的责任心引以为荣。

或许很多父母都觉得责任感是一件十分严肃和神圣的事情，不该在年纪尚小的孩子身上培养。实际上并非如此，对孩子责任感的培养需要从小做起，只有从小处着手，在日常生活中的点滴小事中慢慢培养，他才会逐渐懂得责任感的重要性，以及如何去做。

第九章 爱的教养：
没有善和爱，就谈不上有教养

Chapter 09

父母都希望给孩子好的教养，

可什么才是好的教养呢？

告诉你，世上最好的教养结果，

不是使孩子成绩有多好，脑子有多聪明，

而是让孩子拥有感受爱、付出爱的能力。

在这个意义上，

我们可以说，

良好的教养就是善和爱的教养，

是在他人困难时伸出的援手，

是在心底唤起的良知与情感……

❀ 培养孩子学做真正的人

曾经，在美国的一所大学里发生了一起震惊中外的血案。一个名叫卢刚的优秀博士，因为忌妒各方面都很优秀的山林华，再加上自己找工作受挫，他残忍地杀害了包括校长、系主任、同学山林华在内的6个人，然后开枪自杀。

事后，据心理专家介绍，卢刚是一个性格孤僻、没什么朋友、心胸狭隘的人，这起血案发生与他的畸形性格有着直接的关系，而这主要是源于他所受的家庭教育和学校教育忽视了对他的做人教育。

可见，一个人即使学历再高，能力再强，如果没有接受来自家庭的良好教育，也极有可能造成巨大的负面影响。所以，父母对孩子的做人教育要永远放在第一位，从日常生活中的每一件小事做起，引导孩子做一个真诚善良、堂堂正正的优秀的人。

我国著名教育家陶行知先生曾经说过："千教万教，教人求真；千学万学，学做真人。"可见，做人是教育的第一要务，也是教育的根本任务，更是家庭教育的根基所在。

因此，真正智慧的父母，就要把培养孩子成"人"放在比成"才"还要重要的位置上，将孩子培养成具有独立人格和各种优良品质的人，这样的孩子在长大后才能被称为真正的"人才",才能够适应不断变化发展的社会和时代。

1. 父母以身作则,为孩子树立品格高尚的榜样

父母们可能自身都会有所体会,自己身上的某些好品质、好习惯并不是长大后才形成的,而是在小时候父母的影响下逐步培养起来的。相应地,孩子的一些不良行为固然可能会受到一些不良因素影响,但最根本的,还是父母没有给孩子树立一个好榜样,没能帮助孩子培养出高尚的人格品质。

一个叫多多的小女孩,在外面一旦和小朋友起了冲突,就伸手打别人,嘴里还总是说一些脏话骂小伙伴们。在多多看来,自己这样做很正常,但是她这种表现引来周围小朋友们的反感,大家都不喜欢和她一起玩。

其实,多多的妈妈就是这样一个缺乏教养的人,她在家里稍有不如意就打骂孩子和丈夫,这种行为耳濡目染地就被多多学会了。多多有现在的表现也就不足为奇了。

2. 别把小事不当回事

发生在孩子身上的很多问题很多时候被成人认为是小事,孩子不懂得和小朋友或家人分享,就说"孩子还小,大了就好了";孩子随意抢别人的玩具、随便打人,说"孩子还小,不懂事,大了就好了";孩子吃饭时不好好吃饭、随意浪费粮食,说"这是小事,孩子还小,大了就好了"。

然而,这些对于孩子而言都不是小事,有一句老话是"三岁看大,七岁看老"。孩子幼时看似微不足道的小问题,却可能对他有深远的影响,而一个良好的行为也会为他以后的人生带来不尽的利益。

在一个有众多诺贝尔获奖者参加的会议上，一位记者问一位诺贝尔奖得主："你在哪一所大学里学到了你认为最重要的东西？"

"在幼儿园。"被提问者回答。

"那时学到了什么呢？"记者问。

"学到把自己的东西分一半给小伙伴，学到不是自己的东西不要拿，学到做错事情要表示歉意，学到要诚实不说谎……是这些品格帮助我日后走向了成功。"

的确，幼儿园里学到的东西在成人看来都是微不足道的小事，然而，这些小事却极大地影响了一个人日后的成功与否。

父母不要以为"树大自然直"，如果不注意从小事中培养他良好的品行，而是放任他的小缺点，等到孩子慢慢长大了，他的小缺点就会被放大成大缺点。而孩子小时候的小优点如果加以保护和鼓励发扬，随着他的成长，也会放大成大的优点。

3. 从孩子的角度出发，降低自己的标准

父母大都听过这句话："不要用自己的标准去衡量别人。"在培养孩子的过程中也是如此，父母不可以将自身的观点和看法强制性地加在孩子身上，而应该为孩子提供良好的成长环境。如果说家是孩子来到这个世界的第一所学校，那么父母就是他们的第一任老师，父母的言行举止、说话的语气和面部表情都会对细心的孩子产生很大的影响。

蓓蓓的父母工作很忙，所以蓓蓓就由保姆照顾。有一天，蓓蓓的妈妈穿了一件非常漂亮的外套,保姆阿姨直夸好看。等妈妈走后,蓓蓓就问保姆:"阿姨,你喜欢妈妈那件衣服吗?""当然喜欢啊,但是阿姨买不起,也没想过穿那么漂亮的衣服。"保姆很真诚地说。

第二天,妈妈出门后,蓓蓓就擅作主张,将那件衣服送给了保姆。当蓓蓓妈妈知道后大发雷霆:"你凭什么把我那么贵重的衣服送给别人?她能给你什么?"

蓓蓓妈妈的教育方式很明显是错误的,作为父母,她教育自己的孩子要有目的性地去与人交往,这样必会将孩子教育成一个贪图小利的人,这样的人是不会有真正的朋友的。

而正确的教育方式是,当蓓蓓那样做的时候,她的妈妈要先夸奖自己的女儿懂事,鼓励她那是正确的做法,然后再说其他的,比如:"你要将妈妈的东西送人就应该先同妈妈商量,否则是不对的。"

总之,在培养孩子的过程中,父母需要有一颗善感、善悟、善思的心,能够抓住孩子在小时候的每一个好的或坏的苗头,进行正确的引导,就像尊重一棵树苗的生长规律并用心呵护和浇灌、培养它,相信它终究会成长为一棵参天大树。

人之初，性本善

有一次，约翰在和小伙伴们玩耍的时候，拿了一个名叫露丝亚的孩子的一块糖果。约翰的这一举动被别人发现了，可是他却竭力否认，说自己没拿。

约翰的父亲知道这件事后，立刻严厉地训斥了他："约翰，你知道自己是在做什么吗？你的行为是罪恶的偷窃行为。"

但年幼的约翰却认识不到这种行为的恶劣，他为自己辩解说："不就是一块糖吗，怎么能算得上是偷窃呢？"

老约翰虽然很是焦虑，但还是压着火气，温和地对儿子说："你从很小的时候就开始读书，难道连这个浅显的道理都不明白吗？私自拿取别人的东西，就是一种盗窃行为。对于偷盗的可耻本性而言，偷拿别人一块糖果和盗窃一袋黄金本质上没有任何区别。"

老约翰认为，由于年幼的孩子没有形成对周围事物的判断力，不能够正确认识某些行为的本质，比如偷窃。在这种时候，做父母的很有必要让孩子弄清楚事物的实质是非。

听了父亲的话，约翰似乎明白了很多，他知道自己这种行为属于偷窃后，羞得满脸通红，立即去向露丝亚道歉，并从自己的零食柜里拿了一包糖果送给她。

在父亲的及时教育下，约翰认识到自己行为的严重性，让他懂得要做一个诚实的、品行端正的孩子，绝不要随随便便拿别人的东西。

可是在我们的生活中，并不是所有父母都能像老约翰这样给孩子灌输善良、诚实等优良品质的教育。相反，我们常常听一些父母给孩子进行一些"特殊"教育，比如，有的父母会给孩子灌输"除了父母，不要相信任何人，社会上尔虞我诈，你一定要小心提防"，或者"别人打你，你一定要马上还手，只能我们欺负别人，不能让别人欺负我们"，等等。

或许这些父母会辩解：我们是教孩子保护自己，以防上当受骗，难道有什么错吗？

对孩子进行安全教育很有必要，但这其中的尺度父母们需要把握好。试想，如果父母本身带有偏颇观念，然后将这种观念引导孩子的话，那么，会在孩子心中埋下什么样的种子？

我们都希望自己的孩子成为一个正直、诚实、博爱、宽容的孩子，那这样的教育岂不和我们的初衷背道而驰了吗？

事实上，每个孩子的本性是善良的，之所以变得缺乏道德意识，冷漠自私，是与他们所受的教育分不开的。只要我们稍微细心一下就会发现：

在孩子一岁的时候，当他听到别的小朋友哭，他也莫名其妙地跟着哭，这说明他已经对别人的情感有所感知；

在孩子两岁的时候，当听到别人哭，他会跌跌撞撞地走过去，用含混不清的语言安慰别人，抚摸别人。这说明，他已经能很清晰地分辨自己和别人的伤痛，并且希望通过自己的努力减轻别人的痛苦；

在孩子长到5岁左右，当发现小伙伴不高兴的时候，他知道怎么去安慰别人，什么时候不该说话，而是安安静静地坐在小伙伴的身旁。这说明孩子已经知道什么时候该劝导别人,什么时候该让小伙伴自己想想……

通过孩子不同阶段的表现,我们可以看出,在他们每个阶段所表现出来的不同的善良天性。如果我们能够在孩子还小的时候,就给他灌输正确的教育方法,那么他的善良天性就会一直持续下去,孩子也就成为一个善良,富有同情心、责任心的人。

1. 教孩子保护花草和小动物

儿童心理专家通过研究发现,那些对小动物和花草产生爱怜之情的孩子,往往感情丰富、细腻,心地善良;相反,那些对小动物不屑一顾,对花草毫无感情的孩子,往往对人也比较冷淡。所以,为了培养孩子的善良之心,父母不妨通过让孩子爱护花草树木和小动物来给予正确的引导。

2. 让孩子在充满亲切、友爱的环境里成长

什么样的环境长什么样的孩子。如果在家庭中,父母之间、父母和孩子之间都能友好相处,互相关心,互相照顾,让家庭充满友好、善意和温暖,那么孩子就自然而然地形成善良、友好的品质。

3. 教孩子懂得善良的方法

在平时的生活中,父母可以见缝插针、见机行事地给孩子解释一下人们都喜欢善良的人。同时,还要尽量给孩子介绍一些友好待人和表达善意的简单行为方式和语言习惯。比如,邻居王奶奶生病了,自己要表示关心和问候,并祝愿她早日康复;或者好朋友的妈妈不在家,就让他来自己家里吃饭,等等。

4. 对孩子"善意"的举动要给予赞扬

孩子在做了一件事后如果得到父母的肯定和表扬,那么他还会兴致勃勃地继续这么做。因此,当孩子表现出类似善意的语言和行为时,父母要及时给予鼓励，夸奖他是一个考虑周全、喜欢帮助别人的好孩子。

每当周末的时候，盈盈的妈妈总要带她去外面逛逛，但每次都要带她去天桥上或者地下通道走走，因为那里有很多乞讨者。妈妈总是把零钱交给盈盈，让她把零钱放到乞讨者的小碗里。

盈盈每次回来都会跟妈妈说："妈妈，那些人好可怜啊，我要把自己的零花钱拿出来给他们。"妈妈就会对女儿说："我的女儿快点学习，快点长大，做一个能力强的人，这样就可以帮助更多的人了。"盈盈点点头说："妈妈，我会努力的！"

孩子毕竟是孩子，即使受到了父母给予的善良教育，也未必时时、事事都能做得尽如人意。如果发现孩子表现出对别人不友好的举动时，父母也不要责怪他，而应该让他自己认识到做错的地方，父母需要做的只是表示遗憾，并鼓励他下一次争取做好就可以了。

老祖宗告诉我们："人之初，性本善。"的确如此，任何一个人天生都是善良和富有爱心的，你的孩子也是如此。只要善加教育和引导，他定能成为一个善良、宽容、富有同情心的好孩子。

❀ 有同情心的孩子更有人情味

杨琪很注重从日常生活中培养儿子的同情心,她回忆说:"记得我家孔林6岁的时候,有一天,我带他出去玩耍的时候,发现了一只受伤的小鸽子,那只小鸽子的翅膀上沾满了血,瑟瑟地抖动着身体,蜷缩在那儿。孔林看到之后,走上前去,捧起小鸽子来,小心地爱抚着。我对他说:'这只小鸽子受伤了,妈妈和你一起把它救过来,好不好?'孔林对我说:'妈妈,我正要向您请求让您和我一起救它呢,这只小鸽子真可怜呀,不知道是哪个可恶的坏蛋,把它伤成这个样子,妈妈,我们一定要救活它。'"

后来,杨琪和儿子孔林一起努力,终于救活了这只小鸽子,让它重回了蓝天,他们还专门为小鸽子举行了一个简单的放飞仪式。

故事中,杨琪用切实的言行引导着儿子释放出自己的同情心,相信在她的培养下,孔林会成为一个富有同情心的好孩子。

实际上,同情心是我们人世间最可贵的感情之一,是人类社会得以维持和发展的重要情感因素。不可否认,在现今社会,由于社会环境、教育体制,以及家庭教育的缺失,孩子们习惯了以自我为中心,习惯了养尊处优,习惯了唯我独尊,往往缺乏应有的同情心。

应该说,孩子缺乏同情心,是现代社会中很多家庭所面临的严重问题。

但是仍然有很多父母没有意识到这个问题，他们认为，现在就一个孩子，一切由着他吧，只要他觉得幸福我们就知足了。殊不知，如果一个社会没有了爱那将会是什么样子呀？夫妻如同陌路，亲人形同外人，到那时人生将会是何等地凄惨。

然而，同情心不是天生的，是需要后天培养的，对孩子们来说，同情心的培养也要从小开始，对现在的独生子女，尤为重要。

其实，孩子从一出生开始，就在潜移默化中学习和积累各种情感，由于孩子们富于想象，他们对周围的一切，甚至连那些没有生命的东西都会表示同情，家长要适当地借助各种机会，帮助孩子们学会去关心别人，去同情那些需要帮助的人或者动物，让孩子们在付出爱心帮助别人的同时，明白人们互相帮助的感情，明白付出的意义。

著名教育家卡尔·威特曾经说过："我不想把儿子培养成学识很高却冷漠无情的人，因为一个人一旦失去感情，就会变成一台冷冰冰的机器，无论他有多高的才华，也只不过是充当机器的一块零件而已。不仅是人，连动物都是有感情的。"

卡尔·威特的儿子小卡尔3岁时，有一次家里来了好多人，他们和卡尔海阔天空地谈论着。

这时，卡尔家养的一条小狗跑了进来，小卡尔像其他孩子一样，一把抓住小狗的尾巴，把它拉到自己身边。卡尔看到后，立刻伸手揪住了他的头发，脸色非常难看，抓住就不放了，小卡尔吃了一惊，赶紧放下抓着的狗尾巴。与此同时，卡尔也放下了小卡尔的头发。

卡尔·威特问儿子："你喜欢被人抓住头发吗？"

小卡尔红着脸说:"不喜欢。"

"如果是这样,那么对狗也应当这样。"说完卡尔·威特就让儿子到外面去了。

在一个人的成长过程中,同情心和爱心的培养是至关重要的。一个没有同情心没有爱心的孩子注定是孤独的,因为他对别人吝惜付出,也就得不到别人的关心与帮助,他的生活必将索然无味,最终甚至落得被社会抛弃的结局。

那么,父母又该具体通过什么方法来培养孩子的同情心呢?

1. 鼓励孩子关爱别的小朋友

父母大多会发现,孩子在很小的时候,看到周围有小朋友哭,也会跟着哭。这是因为,1~2岁的孩子,还没有形成"自我"概念,对自身感觉和他人的感觉不能区分出来。其实,他们跟着别人哭,是一种同情心理的体现。这时候,父母不要责备孩子,而应该给予安抚。

因此,父母要让孩子多与同龄人接触,鼓励孩子多帮助有困难的小朋友。当孩子帮助其他人后,父母要及时表扬,让孩子感受到助人为乐的美好。

2. 培养孩子对物体的爱护

幼稚而纯美的童心,会很自然地把周围的物体都赋予生命,和布娃娃说话,与枕头做游戏,等等,都是孩子乐此不疲的爱好。父母可以利用孩子的这个心理特点,比如,当孩子在摘下花园里的花时,父母以花朵的口吻说:"哎哟,好疼呀!呜呜呜呜……"父母模仿花朵的哭声,会让孩子产生情感上的共鸣,此时父母再因势利导,让孩子想想自己的身体如果受伤了会有什么样的感受?孩子便会学会体会别人的痛苦,理解别人的感受。

3. 父母不要过度溺爱自己的孩子

在溺爱中培养出来的孩子容易形成自私的品行，不会把爱心奉献给别人，所以，父母在爱护、关心孩子的时候，同样也要坦然接受来自孩子的爱。

4. 表扬孩子有同情心的行为

在陪伴孩子的过程中，当发现孩子做出善意的举动，父母要马上告诉他做得对，而且要把这个"对"说得具体些，比如："你把你的毛绒玩具给小明玩，真是太大方了！你看他多高兴啊！"

这样，孩子就会知道自己的行为影响到了别人，同情心也就随之滋长了。

在崇尚个性自由发展的今天，孩子的一些个性也不适当地"膨胀"起来。他们得到了太多的关注和爱，却不懂得怎样去关爱别人。所以，父母要注重培养孩子互助友爱的精神，使孩子懂得只有具备同情心，才能获得人们的喜欢和尊敬，自己也会因此而感到快乐，这才是真正的快乐。

❀ 你的孩子懂得关心别人吗

有位妈妈写过这样一篇文章，通过这篇文章她写出了自己在日常生活中借助一件极其微小的事情，教育引导女儿学会关心别人的经过。

晚上在哄女儿睡觉的时候，她的手打到了我的手上，女儿赶忙说："哎呦！对不起啊！妈妈。"

我顺嘴回答:"没关系啦,你又不是故意的。"

"疼吗?"女儿问我。

"有点,你帮我吹吹就好了。"

其实没事,我就是想看看女儿的反应,逗她玩玩。

可没想到的是,女儿的回答让我大吃一惊,并觉得一定要好好地教育教育了。

女儿回答:"我才不管呢!"

"行,你不管,你真成呀……"说着我把身子转了过去,心想,我今晚一定要跟女儿好好地谈谈了,不要总是被大人宠着、关心着,却忽视了对别人的关心和爱护。并且随着年龄一天天地长大,要是不抓紧时间教育,那长大还了得呀!

我正想着呢,女儿憋不住了,用手抓了抓我的肩膀说:"妈妈,我刚才碰你哪儿了?"

"这儿!"我没好气地回答。

女儿拉过我的手,用她的小嘴认真地吹着,又用她那小手给我揉了揉,对我说:"还疼吗?妈妈这样是不是好多了?"

我的眼睛立刻湿润了,我是不是误解了女儿呀?她可能当时不是我所想的那样过分,而只是小孩子的逆反心理在作怪。但不管怎样,还是聊聊吧,总有好处的!

我对女儿说:"不疼了,已经好多了,妈妈知道你又不是故意的,所以没事了。"

我紧接着又说:"宝宝,你看这样多好呀!知道关心妈妈,妈妈特高兴,平时爸爸妈妈给你那么多的爱,你刚刚那样对妈妈说话,我会很伤心的。"

这时候女儿也感到她刚刚做得不好了，眼泪流了下来。

"宝宝，以后要学会关心别人，不光关心爸爸妈妈和家人，还有小朋友和老师呀，以及所有的人，比如，小朋友哭了，你要安慰安慰她，让她别哭了。"

女儿点点头，说："知道了，可是我安慰她也不管用，她还是哭呀哭。"看来平时有过教训呀。

"她要是不停地哭，可能是有原因的，你就别管了，安慰安慰就好了，老师会处理的。"

"哦！妈妈咱俩好吗？"女儿搂着我的脖子，笑嘻嘻地问我。

女儿心重，是怕我因为那件事还在生气。

"好呀！你是妈妈爸爸最爱的宝贝了！"我给了女儿很坚定的回答。

我和女儿就这样一直搂着，过了一会儿女儿对我说："妈妈，晚安！"

"宝贝晚安！"

女儿甜甜地睡着了。

由这个故事，我们可以看出，让孩子学会并且主动去关心别人，需要父母积极的引导、帮助，并且具体到日常生活的细节中。

有位学者说过一句话，关心他人，是构成当今世界高素质人才非常重要的品质要素。培养孩子从小关心他人对促进其今后具有高尚的情操、健全的人格有不可估量的影响。

有些父母在孩子早期教育中对子女宠爱有加，时间久了，就养成了孩子一切以"我"为中心的习惯，而不知如何去关心帮助别人。此外，由于忙于工作，父母也很少花时间来鼓励孩子关心自身以外的人和事。

实际上，孩子的世界和内心都不是闭塞的，孩子们需要感受作为集体一员的价值,做家长的要通过一些合适的方式给孩子更多接触别人的机会,在孩子接受别人的关心和帮助的时候,也让孩子去关心帮助别人,从而体验到助人为乐的快乐。

那么,我们做父母的怎样培养孩子关心别人的好习惯呢?以下几个方面值得注意:

1. 父母要积极关心别人,给孩子做榜样

俗话说,榜样的力量是无穷的,也是最有效的。父母的言行在孩子成长中起着重要作用,因此,做父母的首先要严于律己、坚持正面教育。父母要先孝顺长辈、关心亲朋、邻里关系和睦,以此给孩子以正确的影响和积极的引导,自然,孩子会受到父母的影响,向父母看齐。

2. 家庭成员之间互相关心

一个充满温情的家庭氛围对培养孩子的爱心起着潜移默化的作用。父母间经常争吵、谩骂,甚至打闹,让孩子时常处在恐惧、忧郁、仇视的环境里,又怎能要求孩子去关心别人呢?

3. 学会与人分享

分享是互相的,做父母的既要教孩子学会分享,还要自己也学会分享,有些父母是矛盾的,一边担心着孩子会发展为不关心别人的冷血儿,一边又在做着阻止孩子学会分享的事。有些时候,孩子诚心诚意请家长分享,家长却坚决推辞,哪怕只是象征性的分享,也不肯接受,谢绝孩子的一份好心。时间久了,孩子也就没有了谦让与分享的心情,所以,做父母的自己首先要学会分享。

4. 让孩子了解一些生活的真实情况

做父母的,没有不疼爱自己的孩子的,总是担心孩子受苦受难,担心孩子遭受挫折。就算我们自己面临着许多生活的曲折和坎坷，有许多不快乐的情绪，但我们总是竭力在孩子面前保持平稳，以此来呵护孩子幼小的心灵。

其实这样的做法是错误的。既然我们提倡和孩子建立朋友关系，建立平等关系，就应该让孩子了解一些父母的喜怒哀乐，就如我们了解孩子的喜怒哀乐一样，让孩子学着承担一些喜怒哀乐。

5. 让孩子做一些力所能及的事

千万不要让孩子养成衣来伸手，饭来张口的坏习惯，只有勤快的孩子才会懂事，知道关心体贴别人。要知道，勤快是培养出来的，所以父母要树立这种观念，并付诸行动。要循序渐进地教会孩子做一些力所能及的事，大胆地放手让孩子做一些力所能及的事。譬如，多参加家里的家务活动，多和父母一起做些力所能及的事情，等等。

培养孩子关心他人实际上就是教孩子怎样做人，培养的方法很多，需要我们在生活中慢慢摸索、仔细体味和总结。

🦋 上一堂"孝心教育"课

我国有句俗语:"百善孝为先。"如果说每个人的生命都是奔流不息的小河,那么父母则是小河的源头。没有父母,哪有孩子?没有父母的爱,哪有孩子的幸福?

在我们的很多伦理学著作中,都会将孝敬父母看作是人际关系的第一个台阶。可以说,孝心在人与人相处中占有很大的地位,我们很难想象,一个没有孝心的孩子怎样去爱别人,怎样去珍惜自己的朋友,爱护自己的家人?一个没有孝心的孩子在需要帮助的时候,谁会愿意伸出援助之手帮助他们?

所以,父母在孩子还小的时候,一定要注重培养他的孝心,让他将爱洒向人间。

1. 父母以身作则,让家庭充满爱

在培养孩子的过程中,父母一定不可以感情用事,比如在高兴的时候哪怕孩子犯了天大的错误,你也不会计较;或者在自己不高兴的时候,孩子做错一点小事就可以让你大发雷霆。其实这样的做法是非常不好的。

作为父母,将爱心灌输到孩子的心灵,才是最为重要的,而最好的方法就是身先士卒,以身作则。如果父母是一个非常有孝心的人,那也不必担心自己的孩子会成为心狠手辣的人。

2. 注重生活点滴，教育孩子要孝敬父母

绝大多数习惯和品行等都是通过日常生活中的点点滴滴培养起来的。父母要想让孩子成为一个有孝心的人，那么就应该用自己的"慧眼"去发觉孩子的动机，并在点滴中汇聚美好的品德。

比如，当父母辛劳一天感觉疲惫的时候，孩子主动给父母捶腿；当父母身体不适需要服药的时候，孩子及时提醒父母吃药，并帮助他们拿药，等等。当然，父母们要知道，在要求孩子去做这些事情的时候，自己必须先做到。如果父母平时都不懂得孝敬家里的老人，不懂得与人为善，那又怎样教育出善良懂事的孩子呢？

3. 不纵容不溺爱，让孩子从小就懂得孝敬家中的老人

楚楚是爸爸妈妈眼中的娇娇女，同样也是爷爷奶奶的掌上明珠，一家人都围着这个小公主忙碌。

有一次，楚楚想玩骑马的游戏，爸爸妈妈不在家，于是她就要年老的爷爷趴在地上当自己的"马"，自己却在上面得意扬扬"驾驾"地叫着。爷爷说自己累了，想休息一会儿，但是楚楚却不依不饶，不让爷爷休息。

对于楚楚的做法，很多人或许会说是孩子不懂事，长大了自然就不会这样了。然而，在这一点上，很多父母却忽视了习惯对孩子成长的影响，人们常说一个好的习惯可以成就一个人，而一个坏的习惯则足以毁掉一个人。所以，父母一定不可以忽视孩子的这些行为，而应该从小就教育孩子尊老爱幼。

其实，只要父母能在生活的点滴中教育孩子，对他进行爱心意识和行为的培养，那么你的孩子就会怀揣一颗温热的爱心，将它传播到自己的周围。那么，在不久的将来，你的孩子将成为善良懂事的"爱的天使"。

✤感恩，让内心丰盈纯美

林小燕是个非常任性的小孩子，只要是她想要的东西，她就会顺利地得到。曾经有一次为了得到一个自己喜欢的小熊玩具，她居然在商场里面大喊大叫，出于无奈，妈妈只好给她买了。

林小燕的妈妈是一个设计师，有的时候为了完成一个策划要到深夜才可以休息。有一次，公司给林小燕的妈妈打来电话，说有一个紧急的项目需要她完成，于是她就想让女儿体会一下自己的劳累，就对正在看电视的林小燕说："宝贝，妈妈今天还有工作要做，你坐在一边看妈妈工作好吗？"

林小燕从来没有看过妈妈工作，于是很爽快地答应了。只见妈妈忙了很久才做完，然后发给对方，对方有不满意的地方，妈妈还需要慢慢修改，直到很晚的时候，妈妈才忙完了。在这期间，林小燕的妈妈没有喝一口水，手也一直在键盘上没有休息过。

看着妈妈劳累的身影，刚刚6岁的林小燕似乎长大了很多，悄悄地端来一杯热水："妈妈，您辛苦了，先喝点水吧。"说罢就拿起妈妈的手为妈妈"松筋骨"。

从那以后，林小燕再也没有任性过，也不再乱发脾气，成了一个乖乖女。

秋日飘落的树叶腐烂自己以滋养树根，这是一种感恩；白云在蔚蓝的天空不断漂浮，展现出更加美妙的画面，这也是一种感恩；猎狗为了主人的安全宁愿牺牲自己的生命，这更是一种感恩。

感恩，自古以来就是一种美德，被世人不断地传承，使之得以延续。在学校期间，我们经常听到这样的话语"受人滴水之恩，当涌泉相报"，"谁言寸草心，报得三春晖"。这些经典的语句将感恩诠释得惟妙惟肖，这也说明感恩就是真善美的真实写照。

对于一个孩子来讲，拥有了感恩，他就拥有了一种无可比拟的气质和魅力；拥有了感恩，他就拥有了整个世界，拥有了无比灿烂的光环。他也就可以开拓自己更加精彩的人生，打造属于自己的"爱的天国"。

感恩是生活中的大智慧，也不失为一种处世哲学。然而遗憾的是，当前感恩情怀对某些人来说，已经变成一种陌生的感觉了。大人如此，孩子们更是如此，不经意间，我们的孩子已经逐渐丧失了感恩的心态，甚至不知道什么是感恩，如何感恩了，这一点值得做父母的深思。

殊不知，有爱的孩子才会快乐，其内心才会丰盈纯美。所以，不管客观环境如何，也不管曾经的教育正确与否，那么从现在开始，父母就要学会让孩子拥有一颗感恩之心。

1. 父母以身作则，为孩子树立懂得感恩的榜样

我们不止一次提到，"父母是孩子最好的老师"，因此，在生活当中，做父母的，首先要以身作则，给孩子树立一个好的榜样。父母首先要懂得，并且切实地来孝顺自己的父母，尊敬长辈，关心孩子，帮助别人……通过

自己的言传身教，让孩子学会尊敬师长、爱护公物、关心集体、乐于助人、热爱劳动。长此以往，孩子就会一点点地长成一个有爱心的人，一个懂得感恩的人。

2. 培养孩子"柔软"的心，让孩子感受到他人的情感

只有让孩子学会感受别人的情感，他才能设身处地为他人着想。为此，父母们可以采取一些"移情"的方式让孩子拥有一颗柔软的心。比如，当发现孩子因为闹情绪而乱踢他的毛绒玩具时，你可以对他说："你踢玩具，它会感到疼痛的，不要踢它了，好吗？如果你让它感觉你是个爱欺负人的孩子，那它就会不喜欢你的。"通过这样的方法，可以培养孩子的爱心，也让他能体会到别人的感受。

3. 给孩子制造"回报"的机会

生活中我们经常发现，父母习惯将自己的孩子视为掌上明珠，当他们想帮助父母做事情的时候，父母往往会说："你去休息吧，如果真没事做，那就去看看书。"殊不知，父母的这一做法，已经无形之间扼杀了孩子的感恩之心。要知道，孩子只有懂得付出、懂得"回报"，他才会懂得珍惜、懂得体谅，所以父母应该学会接纳孩子的付出和体贴。

金金的父母很会教育自己的女儿，在金金很小的时候，妈妈就教女儿整理自己的房间，做一些简单的家务。当家里来客人的时候，爸爸会让金金帮忙倒茶，客人走后，金金还要帮忙打扫屋子。

就这样，金金体会到了父母的辛苦，等她渐渐长大后，她也开始关心爸爸妈妈了，每次父母下班回来后，都有热腾腾的饭正等待着他们。金金常说："爸爸妈妈为了我这么劳累，我应该为他们分担才对啊。"

在培养孩子的过程中，很多父母都不舍得让孩子去做家务。殊不知，让孩子从小学着做家务，不仅培养了他们的生活能力，同时也让他们体会到了父母的不易，激发他们的感恩之心。

4. 借用对比，让孩子关心不幸的人

在优越条件下长大的孩子，根本不知道什么是贫困，什么是吃不饱穿不暖。父母可在孩子沉浸在幸福中时，通过巧妙的方式告诉他："有些地方的一些和你差不多大的小朋友，他们现在连饭都吃不上，玩具也没有。"这会让孩子知道，世界上不只有幸福和甜蜜，也有痛苦和不幸。同时，父母还要时常整理一些孩子的衣物、玩具、书本等捐赠给需要帮助的人。孩子会从这些对比中，体会到自己的幸福生活，会因此而产生感恩情愫。

有人说，一个不懂得感恩的民族是没有未来的民族。我们也可以说，一个不懂得感恩的孩子也很难有美好的未来。当你的孩子学会了感恩，他就懂得了生活，懂得珍惜美好的生活，珍惜别人为自己付出的情感，也就能更好地融入现实生活，开启自己独立人生的大门。

付出爱，让世界充满爱

节假日里，皮皮的爸爸妈妈经常带她去公园和动物园。在第一次去公园的时候，皮皮看到绿油油的草地来了精神，就从妈妈手里挣脱，跑到草地上打起滚来。

妈妈赶紧喊她过来，并对她说："宝贝，小草还很小，它们是有生命的，你想啊，如果有人踩到你，或者趴到你的身上你会疼吧，而且还会长不高呢，小草也是这样。"

皮皮听了认真地点点头，并表示再也不去踩踏小草了。

还有一次，皮皮看到路边开的玉兰花很漂亮，就央求爸爸给摘下一朵，爸爸说："皮皮，如果我们每个人都觉得花漂亮，并摘下一朵的话，那么树上的花是不是很快就被摘没了呢？那样的话，树木还漂亮吗？我们也就一朵花都看不到了吧？"

听了爸爸的话，皮皮点点头，扬起头闻了闻花香，满足地笑着离开了。

皮皮3岁那年，爸爸妈妈带她去动物园，当皮皮看到别的小朋友拿着香蕉砸小猴子，还被逗得咯咯直笑，皮皮也拿出香蕉要砸，妈妈告诉她："这样是不对的，你想想，如果妈妈给你买了好吃的，然后扔到你的头上，你会不伤心吗？小猴子现在其实很伤心的。"

皮皮嘴角一撇，差点哭了出来，对妈妈说："妈妈，我再也不会拿香蕉砸猴子了，我会轻轻扔给它们的。"

电视里，报纸上，我们常听"让世界充满爱"这句话。那么，爱究竟是什么呢？

或许三言两语难以说清，但我们却不难感受到来自周围的爱，也正是这种爱，让我们人类得以幸福和谐、繁荣兴盛。

因为有爱，当一个人遭遇困境的时候，会收到来自各方的援助；因为有爱，当一个地区遭遇地震，会得到全世界人民的关心。难以想象，如果没有爱，我们的世界将是怎样一个无望的状态？

应该说，爱别人是对我们生而为人的本质要求。任何一个在这个世界上生活着的人，都离不开和他人之间的关系，而爱则构建了人们交往的纽带。"只要人人都献出一点爱，世界将变成美好的人间"，可以说，"爱"是处理人与人之间最好的调和剂，一个心中充满爱的人，必将得到加倍的爱的回报；一个充满爱的家庭，必将幸福满溢。

当然，爱的含义是博大而宽泛的，对家人的关心是爱，对亲戚朋友的帮助是爱，对弱者的同情和援助是爱，对丑恶的鄙视和抵制是爱，对美好未来的创造和追求也是爱……

我们的世界需要每个人都有一颗爱人之心，但这却不是一件容易的事。对于正在成长中的孩子来讲，只有父母给予孩子爱的培养和教育，才能让你的孩子成为一个有修养的、懂得付出爱和享受爱的人。

1. 让孩子学会自爱

有的人认为爱是无私的，这种无私就是不管自己如何都要去爱别人。其实这样想是不对的。人应该先爱自己，再爱别人，如果连自己都不爱，又拿什么去爱别人呢？

要知道，自爱心是人的本性，是个体生存的基本特征。只有自爱之心一点点发展，才会产生自尊心、羞耻心、责任心和自信心，只有具备这些"心"，人的自我道德形象才会逐步建立和完善。

鲁迅先生曾经说过："无论何国何人，大都承认'爱己'是一件应当的事。这便是保存生命的要义，也就是继续生命的根基。"由此说来，人若没有自爱心，生命便缺乏根基。

2. 让孩子学会爱他人

如果一个人只知道自爱，而不知道把爱奉献给别人，那么这只能说是一种低层次的狭隘的爱。只有做到爱自己，也爱他人，爱他人如爱自己，才算真正有了爱人的德行，正如古人所言，"以爱己之心爱人则尽仁"。

3. 鼓励孩子爱他人的行为

温暖的语言能让人感受到贴心和快乐，但是我们所提倡的爱，不能仅仅停留在语言上，而应在实际行动中表现出来。

所以，当孩子表现出对他人的爱的行为时，父母要及时鼓励，以促进孩子更加以此为荣，便于将来更好地奉献爱心于他人。

父母们都希望自己的孩子有教养，那么培养孩子爱的能力则是其中的关键所在。我们要让孩子知道，爱的本质是给予而不是索取；真正的仁爱之心是不期望回报的，而是基于高度责任感和同情心。

事实上，在人与人的交往中，很多真心实意的付出，换回的并不是自己失去了什么，而恰恰相反，我们给予别人得越多，自己得到的也越多。

因此说来，让孩子学会爱，学会奉献，是使其成为一个思想境界更加丰富、高尚的人所必需的。既然如此，父母们就努力让我们的孩子成长为一个充满爱心，乐于为他人付出的人吧！